古籍鉴藏七缀集

孙绍林 著

线装书局

图书在版编目（CIP）数据

古籍鉴藏七缀集 / 孙绍林著 . -- 北京 : 线装书局，
2018.12
ISBN 978-7-5120-3550-8

Ⅰ . ①古… Ⅱ . ①孙… Ⅲ . ①古籍研究②古籍 - 收藏
Ⅳ . ① G256.1

中国版本图书馆 CIP 数据核字 (2018) 第 295959 号

古籍鉴藏七缀集

著　　者：孙绍林
责任编辑：姚　欣
封面设计：乔　平
出版发行：线装書局
　　地　址：北京市丰台区方庄日月天地大厦 B 座 17 层（100078）
　　电　话：010-58077126（发行部）010-58076938（总编室）
　　网　址：www.zgxzsj.com
经　　销：新华书店
印　　制：济南世同华印印刷有限责任公司
　　电　话：0531-82079129
开　　本：700 mm × 1000mm 1/16
印　　张：7.5
字　　数：110 千字
版　　次：2018 年 12 月第 1 版　第 1 次印刷
印　　数：0001—1000 册

定　　价：58.00 元

线装书局官方微信

目录

阅读提示

本书所说的古籍，根据《古籍定级标准》，是指汉文古籍的主体，即普通形制的古籍。不含现存其他特种古代文献，如简书、敦煌遗书、碑帖拓本、舆图、书札、鱼鳞册、契约、文告、少数民族语文图书，以及域外翻刻、抄写的中国古籍等。

本书所说的古籍交易，是指国家法律规定范围内的合法交易。

第一篇

古籍之名：兼顾定级标准与收藏实践

大约十年前，我进入古籍的圈子。本书所述的一些体验、观察和思考，主要来源于我亲身参与的行业实践，将分七篇逐次展开，这是第一篇，谈论一些基础的问题：何为古籍，以及哪些古籍有价值进入我们的收藏和研究范围。

在现实中，对这些基础问题，认识上甚至存在一些差异，对具体实践产生了影响。

梁启超在为他的清代学术变迁史讲义命名时，没有称为“清代学术史”，而名之“中国近三百年学术史”。他自己解释说，晚明二十多年，已经是清学的先声，民初的十来年，才算清学的结束和蜕化①。这样，才有了最终的命名。

这种态度，是值得古籍收藏和研究界人士借鉴传承的。它显示出的是务实而不拘泥于朝代更替年份线的学术准则。

为什么要从这里说起呢？

在历史遗存的汉文出版物和手写文本中，哪些才算是古籍？

是否古籍都值得收藏和研究？

如何看待非书籍样式的纸质文献？

这些基础问题的答案，都含在一个人的逻辑当中，含在本篇

①梁启超，《中国近三百年学术史》，北京：中国书店，1985 年，第 1 页。

即将展开的表述当中。这是本书论题的基础，我们不得不把它作为第一篇。

古籍等纸质文献的收藏实践中，各人执行的标准有较大的差异。比如，从年份来说，有的藏家只收清乾隆六十年（1795）以前的版本，乾隆之后的不收。有的只收1912年之前的版本，即民国的不收。有的宽容一些，表示只要是中华人民共和国成立前的，就可以收，甚至1949年9月30日的都可以收，但是1949年10月1日的就不收了，因为已经属于当代书籍。

在年份之外，其他的收藏标准，情形类似。

比如，很多藏家惯于表示，残本不收，必须是全本。或者，低于八品的不收，必须八品以上。又或者，必须是有特别著录的才收，没有著录的，不收。

残本、弱品、著录中没有的，会被认为不是善本。藏家要向外界展示其收藏标准之高。

以什么样的标准进行收藏，藏家各有选择。但民间收藏是公立馆藏机构的重要补充，甚至在总体上说，民间收藏古籍的数量，不亚于公藏，其中，还有许多孤本、珍本，仅在民间流传。从对古籍保护传承的历史影响来看，个人执行什么样的收藏标准，仍有商榷的必要。

如果，对“古籍”概念的理解不同，或者掌握尺度的不同，已经实际地影响了一些藏家的藏书标准，导致有些可能珍贵的书籍，被当作普通版本、非善本而冷眼相看，这就是值得关注的了。

以上只是简要的举例。关于古籍的收藏、鉴定、交易和保护，还有诸多值得思考之处。这是本书撰写的基本出发点，请方家批评指正。

藏书的年代下限一直在后移

2006年10月，《古籍定级标准》正式实施。其中，对古籍的范围框定，主要指：书写或印刷于1912年以前具有中国古典装帧形式的书籍。

2015年7月，《汉文古籍特藏藏品定级》的第一部分《古籍》正式实施。这一版本的标准，可以视为对2006年标准的修订，其中，对古籍的定义基本没有变化，主要指：书写或印制于1912年以前，又具有中国古典装帧形式的书籍。

为了叙述的方便，并考虑到两个版本的标准内容，在原则上和具体内容上都有较多的相同之处（具体见本篇后文关于两个版本的对比表格），本书把两者统称为《古籍定级标准》或《标准》。若需要进行各自表述，前面可加年份进行区分。

2015年新版《标准》实施之后，2006年旧版《标准》实际已被替代。但是对两个《标准》进行比较观察，有利于厘清古籍定级标准的历史脉络和逻辑思路。

应该看到，对《标准》的执行有一定的主观判断弹性空间。需要结合特定古籍的实际，使《标准》成为整理、保护、利用古籍的指导或参考，而有些民间藏家，包括有些颇有资财实力、乐于建设专题的私人馆藏机构，不仅非古籍不藏，且固守《标准》所设置的年份节点等成规，在此我们有作些提示的必要。

如何确定自己藏书的年代下限，历代学者和藏书家有不同的看法。

明代王世贞用一座庄园换一部宋版《两汉书》的典故，已在藏书界广为流传。王世贞的生活年代是在1526年到1590年，属于明嘉靖初年到万历中期。据载，他是在嘉靖时期做了这件事，那么距离1279年南宋灭亡也已经将近两百年了（也有史家将1276年都城被攻占，视为南宋灭亡）。虽然未见确切记载《两汉书》是南宋还是北宋刻本，但可知的是，在明嘉靖、万历时期的藏书家看来，宋版书已属于难得之物。

王世贞去世后没几年，1599年，另一位更有名的明代大藏书家、出版家毛晋出生。他的生活年代略晚于王世贞，属于明末。关于毛晋的藏书记载中，元刻本已经在他的重视之列，而不像后人流传的那样，非宋版不收。毛晋收藏宋元版，有强调自身藏书年代久远的含义，并视之为珍本，征集工匠广为抄写和再刻。但这不意味着明代前期的书籍不在他本人和同时代其他藏书家的兴趣之列。

实际上，被毛氏视为珍贵并着力抄写的书籍中，还真有不少明代当朝的著作。据《中国古籍版刻辞典》转引近人王文进《明毛氏写本书目》的记载，毛晋、毛扆父子的抄本当中，有明朱善《诗经解颐》四卷，明邵光祖《切韵指掌图检例》一卷，明黄宗羲《行期录》三卷，明程敏政《宋遗民录》十五卷，明王在晋《历代山陵考》一卷，明霍韬《家训》一卷，明王肯堂《医论》三卷，《本草注节文》四册，《医学灯传》十册，《女科书》八册，明谢昌《地理囊金集注》一卷，明方□《堪舆说原》一卷，明张绅《法书集释》两卷，明顾从义《法帖释文考异》十卷，《堪书楼书目》一册，《连江叶氏书目》一册，《漳浦吴氏书目》一册，明朱载堉《瑟谱》十卷，明宋诩《宋氏文房谱》一卷，又《宋氏闺房谱》一卷，明陶宗仪《说郛》六十卷，明姚宣《寅斋闻见》一卷，明孙元理辑《元音》十二卷，明释妙声《东皋录》三卷，明顾梧芳《尊前集》两卷，明杨慎《词林万选》四卷，明张綖《诗余图谱》三卷，明王象晋《秦张两先生诗余合璧》两卷，等等[①]。

欲抄其书，必先藏备。

从毛氏父子的抄写名录来看，只要他们认为具有传承价值的书籍，即便出于当朝，仍不吝藏之、抄之、传布之。明代还有一位著名的藏书家范钦，就是宁波天一阁藏书楼的创始人，不重宋元重当朝，尤其对明代当朝的地方志书独有所钟。这些藏书家旧事，我们将在本书第七篇谈到收藏定位时，详细罗列。

古代文士在藏备书籍这件事上注重内涵、不苛求成书年代的做法，值得当代收藏界人士借鉴。

民国时期高知名度的藏书家陶湘，已经不仅仅着眼于宋元刻本，更不以明末为年份下限，他的藏书目标已经延至清前期。陶湘出生于 1871 年，典型的清末民国人士，早在清朝未亡之时，他二十多岁，就开始搜求古籍。那时，他已然不拒当朝佳刻。所谓“陶开化”的雅号，得于他对开化纸本的痴好。而目前所见的

①瞿冕良，《中国古籍版刻辞典》，济南：齐鲁书社，1999 年，第 180—183 页。

开化纸本，至少嘉庆时期还是有的。

我们来回溯一下，历代最具代表性的藏书家，他们藏书的年份下限都是不同的。

但是，这中间有一个显而易见的事实：

越是年代离我们近的藏书家，藏书的年份下限也相应地离我们近。

也就是说，随着历史的演进，藏书的年份下限一直不停地向后延迟。无论历史上的藏书人士是否使用“古籍”一词，并不影响我们用这个词来描述他们眼中的古本旧籍。

一个人的自然寿命可达百年。这就意味着，一个藏书家少年、青年时期眼里的普通旧书，到了他老年之后再看，可能已经是许多年轻藏家争相搜求的古籍了。在清代藏书史上占有重要地位、承上启下的著名藏书家黄丕烈，早年独钟宋刻本，而到了晚年，他转而重视明刻本的收藏和研究。这就是很典型的例子。

两版《古籍定级标准》的部分对比

项目	2006年《古籍定级标准》	2015年《汉文古籍特藏藏品定级》第一部分《古籍》
定级对象	汉文古籍。全国现存其他特种古代文献，如甲骨、简策、帛书、敦煌遗书、金石拓本、舆图、书札、鱼鳞册、契约、文告、少数民族语文图书，以及域外翻刻、抄写的中国古籍，如和刻本、高丽本等，不在本定级范围之内	普通形制的古籍。不适用于其他特殊藏品，如简帛古籍、敦煌遗书、佛教古籍、碑帖拓本、古地图及域外刻本等的定级
古籍	中国古代书籍的简称，主要指书写或印刷于1912年以前具有中国古典装帧形式的书籍	中国古代书籍的简称，主要指书写、印制于1912年以前，又具有中国古典装帧形式的书籍

续表

项目	2006年《古籍定级标准》	2015年《汉文古籍特藏藏品定级》第一部分《古籍》
孤本	指一书世传只有一部的书本，或指一书的某一版本世传只有一部的书本。国内单传者，称为海内孤本；全世界单传者，称为海内外孤本	未予规定
善本	具有比较重要历史、学术和艺术价值的书本。大致包括写印年代较早的，传世较少的，以及精校、精抄、精刻、精印的书本等	具有历史文物性、学术资料性和艺术代表性的古籍，可视为善本。包括写印年代较早、传世较少，以及精校、精抄、精刻、精印的古籍
三性原则	指认定古籍所具有历史文物性、学术资料性和艺术代表性价值的准则。制定本标准，遵循三性原则，以古籍所具有的三性价值作为定级依据。历史文物价值侧重以版本产生的时代为衡量尺度，学术价值侧重以古籍反映的内容为衡量尺度，艺术价值侧重以版本具有的特征为衡量尺度。在现存古籍中，凡具备三性价值，或具备其中之一之二者，均可据以定级	依据古籍所具有的历史文物价值、学术资料价值和艺术代表价值，作为评定等级的准则。现存汉文古籍的主体，因其书写、刷印年代的不同，具有不同的文物价值；因其内容差异，具有不同的学术资料价值；因其写、印技艺的不同，具有不同的艺术价值
不唯时限原则	指确定古籍的级别，不把历史文物价值作为唯一依据的准则。凡古籍按历史文物价值（有时限）衡量，应属下一级别；而按学术或艺术价值（不唯时限）衡量可列入上一级别者，即可将其定为上一级别	未予规定

续表

项目	2006年《古籍定级标准》	2015年《汉文古籍特藏藏品定级》第一部分《古籍》
等次上靠原则	指将古籍等次上靠的准则。根据一书所具有的特殊价值，主要指其在流传过程中所形成的记录诸如题跋、校勘及印记等，宜上靠一个或两个等次	未予规定
等次下调原则	指将古籍等次下调的准则。侧重考虑一书的书品好坏和完残程度，凡属下乘者，宜下调一个或两个等次	未予规定
定级标准	古籍分为善本和普本两部分。将具有珍贵价值的善本划分为一、二、三级；将具有一般价值的普本定为四级。一、二、三级之下，划分甲、乙、丙等次；四级之下，不分等次	现存普通形制的古籍划分为一、二、三、四级，一、二、三级为善本，各分甲、乙、丙三个等次。普通版本古籍定为四级，不再划分等次
四级古籍定级标准	具有一定历史、学术、艺术价值的古籍。清嘉庆元年（1796年）至宣统三年（1911年）刻印、抄写的书本。民国初年著名学者以传统著述方式研究中国传统文化而形成的稿本、初刻本	清嘉庆元年（1796年）至宣统三年（1911年）刷印、抄写的普通版本古籍。清代钤印的普通印谱

古籍收藏的应有之义

古籍、善本、孤本、文物，这是几个时常被纸质文献藏家挂在嘴边的词。大家都希望自己收到的是精品，是能用这几个词来描述的。

事物，如果没有一个名称去框定它，人们就无法准确把握

"它"和"非它"的区别。可一旦它有了一个名称，就等于有了人为设定的边界。这个边界，有利于建立一种认知上的秩序感。它却掩盖了一个基本事实：事物的边界，本来就是模糊的，万事万物在时空中的流动、联通、变化，才是世界的本来面目。

——关于古籍：

首先，如果严格按照现行的《标准》来藏书，恐怕收获会越来越少。

1993年，古籍拍卖的形式才尝试确立起来。可是，一旦这种形式确立了，古籍的公开交易，就像岩浆找到了地壳的裂缝，沉默了几十年的能量一下子喷薄而出。经由25年的公开拍卖，民间可供交易的古籍存量，日渐其少。公立馆藏机构当然是只进不出的，而已经买到手的民间藏家，也往往不忍再将珍藏散出。加上近年来行情低落，这种状况尤甚。与早些年相比，古籍拍卖行的书源数量减少，质量渐低。本书写作时的2018年，总体行情有见底迹象，部分品种甚至上涨。一些拍卖行开始精耕细作，推出特色专题。偶有所谓"生货"或稀见珍贵版本露面，老买家宁可举出远远高于预期的价格，也要竞争到手。

有观点认为，是智能手机兴起、网络销售渠道的新颖化，分散了传统拍卖行的征集来源。我觉得，最核心的原因，仍然是可供拍卖的高端品种减少了。与市场高潮期相比，不是有所减少，而是明显地减少。新颖交易渠道的出现，仅能分流中低价格的古籍货源。至于高价的珍稀品种，尤其是买方，还不太信赖网络渠道，因为不能触摸实物，对交易资金的安全也有顾虑。

这种情况下，无论是公立馆藏机构还是民间收藏家，如果仅仅依据《标准》来找东西，收纳藏品的品质和效率都会降低。

两个版本的《标准》中，都设置了一些主要的时间点，作为古籍定级的年份线。略有不同的是，2006年版本将其表述为"刻印"，2015年版本将其表述为"刷印"。这些年份线包括但不限于：

明洪武元年（1368年）至明正德十六年（1521年）刻印、抄写的具有重要历史、学术和艺术价值的古籍，属于二级甲等。

明嘉靖元年（1522 年）到明隆庆六年（1572 年）刻印、抄写的具有重要历史、学术和艺术价值的古籍，属于二级乙等。

明万历元年（1573 年）到清顺治十八年（1661 年）刻印、抄写的具有比较重要历史、学术和艺术价值的古籍，属于三级甲等。

清康熙元年（1662 年）到清乾隆六十年（1795 年）刻印、抄写的具有比较重要历史、学术和艺术价值的古籍，属于三级乙等。

清嘉庆元年（1796 年）至清宣统三年（1911 年）刻印、抄写的普通版本的古籍，属于四级古籍。

我们暂且不去讨论这些年份线的制定标准，有多大商榷的空间。毕竟，只要选择这种以年代线对应等级的划分方式，无论设定什么样的年份线，一定有人提出异议。

结合本篇上文的叙述，具体收藏实践中可以把握两个要点。

一是，《标准》设定年份线的同时，主张结合实物，具体观察。

2006 年的《标准》本身也较为务实，在年份线之外，确立了“等次上靠”和“等次下调”原则。2015 年的《标准》虽然没有特别强调“不唯时限”，但在各个等级的细目列举当中，已经明显地打破了年代线的约束。

《标准》虽有年份线这样量化的指标呈现，但也给主观判断留出了充分的空间。显然，《标准》不是为了限制而是为了更有利于实践而生的。

比如，为具体古籍评估定级时，关于历史价值、学术价值和艺术价值，怎么才算是“具有特别重要的价值”“具有重要的价值”“具有比较重要的价值”和“属于普通版本”？若由不同的人来判读，这里面的主观差别就可能比较大。

当然，制定《标准》的人士，都是古籍界最具权威性的专家。一个标准出台，是综合种种因素的结果。同时，《标准》也为将来的修订和完善留出了空间。活用古籍定级标准，才能在千变万化的收藏、研究和交易实践中游刃有余。毕竟无论何种标准，其目的是为了服务于实践，是要有利于古籍的保护和传承。

二是，同属于某个历史时期的书籍，收藏价值可能差异极大。比如民间流传较多的晚清四书五经刻本，内容重复，独特性较弱，不能与同期的史类、集类书籍相比，甚至也不能与年代更晚的民国佳刊精抄、珍贵文献相比。

对此，买卖双方会通过公开拍卖交易价格作出判断。我们在下一节还会详细讲到，不要忽略市场价格，外在价格是衡量一种书籍文献内在价值大小的重要指标，是评估体系的重要组成部分。给出价格的人，大部分都是古籍文献的收藏者、阅读者、研究者等。价格是他们对古籍内在价值给出的打分。当然，也有很多投资者参与竞价。古籍的投资者不是单纯逐利的商人。相反，能成为古籍投资者的，绝大部分对其内在价值有着深厚和独到的理解。专注于某一细分门类的投资者，其在书籍评判方面的水准，有时候不亚于职业的研究者。

这些人在市场上愿意为某些年份晚的书籍出更高的价格、为同时期的书籍出迥然不同的价格，说明他们有自己的判断标准。

——关于善本：

2006年的《标准》定义“善本”，是指兼具历史、学术和艺术价值的书籍，大致包括写印年代较早、传世较少、精校精抄、精刻精印的书籍。

可见，《标准》没有，其实也无法对“善本”给出一个可客观量化的定义。如何界定“善本”，也有很大的主观判断的成分在里面。

那么，收藏者，尤其是民间收藏者在实践中，可以参考《标准》，但不必太拘泥于《标准》框定的范围。投资者同理。

——关于孤本：

2006年的《标准》界定，孤本是指一种书，世传只有一件，或者一种书的某一版本只有一件。国内单传者，称为海内孤本。世界单传者，称为海内外孤本。

可见，并不是说，只要是孤本就代表它有价值。无论是学术价值，文物价值，还是艺术欣赏价值，都不是简单地和孤本画等号。那些具备特别价值的孤本，才有珍惜的必要。

有大量民间俗手所制的抄写本，多涉婚丧嫁娶、择日奉事、书信模板、医方道术、蒙学算术之类，都可能是“孤本”。但除非书法极为精妙，内容极为系统独特，或与特殊历史人物、历史事件相关者，否则并没有多大的收藏研究价值。

相反，有许多并非孤本，但却存世不多的精刊佳著，或有特殊的学术资料价值的文本，更有收藏和传布的必要。

——关于文物：

人类在社会活动中遗留下来的具有某种历史价值的遗物和遗迹，可以称为文物。当“古籍”这个概念不适合描述你的藏品时，也许“文物”是适合的。民国间一些纸质文献，可以由此名之而获得重视。

更多的纸质文献，是不能用古籍、善本、文物等任何名分以冠之的，但这种情形并不能泯灭它们的独特价值。

概括上述内容：

对古籍、善本的范围、等级进行界定，是有必要的。这是一种基础的依据，是进行评价的重要参照系。

在具体的执行过程中，应该把握好这些界定的真正用意。无论怎样行动，把有价值的书籍文献汇在手中，保护起来，研究起来，传承下去。这才是古籍收藏的应有之义。

本文到此，并未完全结束。

接下来，我们先对一些相关论题逐次展开。直到全书的最后一篇，再重新延续目前的论题，讨论一下私人古籍收藏的定位，从而为全书的主旨作总结。

我希望，通过本书，把从业以来在古籍鉴藏、保护和交易圈子里的所见、所知、所想的主要问题梳理开来，呈现出一个放得开、收得住的逻辑闭环。

所有这些表述，无论是发现的问题，还是提出的建议，进行的探讨，都不是单纯在书房里想出来的，而是结合在这个行业最一线的实践得出的。

也许这些表述尚不完美，但我相信，对于全心投入和了解这个领域的人士，以及初入这个领域的人士，会有用处。

第二篇

价值评估：探寻每一种古籍的独特内在

我们将第一篇的论题深入一层，来关注哪些方面真正地体现了古籍的独特价值以及为什么。

古籍价值之根

关于古籍的价值，文物价值、学术资料价值、艺术价值，三性之说，似乎已成业界铁律（由于古籍门类的特殊性，描述其他文物时常常谈起的“科学价值”，可与古籍的“学术资料价值”对应理解）。还可以加上社交价值、教育价值、投资价值、展示价值、各种实用价值等。

这么多被称为“价值”的描述当中，到底什么才是其他古董门类不具备而古籍独特具备的？

首先明确一个概念：何为独特？

要有一个较为硬性的标准，从独有和不独有，特殊和不特殊角度，将古籍和非古籍区分开来。

我们追根究底地关注“独特”一词，是为了人们在谈到“古籍的独特内在价值”时，不能模棱两可，不能随便想一个词放在“价值”之前，就说这是古籍的独特价值。关于独特，要有一个明确的判断。

这一点关系到古籍的收藏、研究、估价、交易等一系列学术和商业活动。

我们一一来看：

——文物价值，是否古籍所独有？不是。

虽然各个国家对文物的界定范围都有不同，但在共同的概念中，凡文物必有两点含义：一定是人类所创造的实物遗存；一定是过去所产生的。世界上的任何事件，一经发生，即成过去。那么，人们刚刚丢进垃圾桶的日常生活废弃物是文物吗？当然不是。虽然那也是人类所创造的，并且创造于过去。

可见，在以上两种含义之外，还要加上一条：有意义。

2001 年敲定中国加入世界贸易组织的"入世槌"，年代如此之新，仍可作为一级文物入藏中国国家博物馆。就因为它是中国融入世界经济的重要事件的重要时刻的实证。

反过来说，即便年代稍远，但是世传较多、不具备特别意义的东西，也不应该认为它具有多大的文物价值。

是不是可以得出一个简洁的结论——"文物"概念的核心，并不是年份早！

特别看重以年代线来划分文物级别的方式，是值得商榷的！因为这是一种错觉，是对"文物"概念的误解。

本书认为，"文物"概念的核心，不是"具有比较久远的历史"，而是"具有特别的意义，包括作为特定历史的物证"。

我们习惯上以年份来描述文物价值，仅仅是因为，年代的久远，会让一些有特别意义的实物变得更加稀少，以及会让一些实物因为变得稀少而具有特别意义。

如果把年份作为衡量文物价值的第一标准，认为年代越早，文物价值就越大，这就是一种误解和错觉。实际上，对于一个国家，越是可以佐证重要历史的实物，越可能获得更高的文物级别，进入这个国家的博物馆，而无论其年代是否久远。如果一个博物馆是有世界视野的，它会选择对世界历史有重要实证价值的藏品，同样，无论它们是否一定年代久远。

把“历史实证”作为衡量文物价值的第一标准，并不是否定绝大部分文物都具有久远的年份，也不否定拥有久远历史的文物，包括古籍，更具文物价值。但是，同样的评定结果，承载的是完全不同的含义！

公开资料显示，目前，各国尚未对文物形成统一定义。通常认为，文物具备两个特征：一、必须是由人类创造的，或者是与人类有关的；二、必须是已经成为历史的过去，不可能再重新创造的。

而本书对“文物”的定义是这样的：文物，是指产生于人类社会，评价者按照各自的标准，认为其具有某种特别的历史意义的物质实体。

还需要说明一点：

“具有特别的历史意义”带有很强的主观性。

在一些人看来不具有特别历史意义的事，对另一些人可能具有特别的历史意义。

在一个国家看来不具有特别历史意义的事，对另一个国家可能意义非凡。

在全人类层面、国家层面不具有特别历史意义的事，可能对一个地区、一个家庭、一个人尤为重要。

所以，一件实物，是否可以定为“文物”，从而获得特别的保护和传承，不同的评价者会给出不同的答案。评价的结果，既不是确定不变的，也不可能整齐划一。这就意味着，文物可以有不同的类别、不同的重要程度。不同的馆藏机构或个人，可能会给出差异很大的认定结果。有些文物是世界公认的，有些则可能只是某个国家、某个地区、某个家族或某个人珍视的文物。

除了古籍，还有哪些古董门类具有历史文物价值？显然，种类多到不可胜数。这绝不是古籍独有的价值。

——艺术价值，是不是古籍所独有？当然也不是。

中国古话说得好：文无第一，武无第二。评判艺术价值的高下，有很强的主观性。并且，不同的古董门类各有其艺术价值。

我甚至认为，就可欣赏的外观而言，古籍之美，或者其所代表的某个年代的艺术风格，若与同时代的其他古董门类相比，未必可胜。

为什么中国自20世纪70年代末改革开放以来，古董字画、瓷器、家具等市场价格大幅飙升，动辄达到百万元量级、千万元量级，而同期的一套古籍善本的价格绝大部分，只达到了千元量级、万元量级？即便在2011年左右的历史价格高峰期，一套中等册数的完整明版白棉纸本或清武英殿本，算是传统概念上的古籍珍品了，价格也不过几十万元而已。

原因之一，就是在直观欣赏方面，古籍不占优势。

古籍当然有其艺术价值，我们可以谈它的装帧之美、版画之美、雕工之美、纸墨之美、特定时代版本的艺术风格等。但是，古籍的诞生和发展，主要是为了记录信息，以供阅读和研究。装帧、版画、雕工、纸墨等，都是用来提升内容吸引力、诠释内容、延长内容传承时间的辅助手段。至于带有丰富历史信息的地图、照片之类，那直接就是具有实用性的内容本身了，与艺术价值基本无关。

把艺术价值提高到和文物价值、文献价值并列的高度，有些偏离了评判古籍的主要方向。至少，它不应该和另外两种价值占有同等的评估权重。

并且，当我们在谈论这些“艺术价值”时，仅仅是在谈论纯粹的审美吗？

人们通常以为，是纯粹的可供审美的艺术价值，导致了某些古董艺术品可以达成高于其他古董艺术品的价格。这是一个重大误会。

这种误会，也经常出现在对古籍价格的判断上。所以，我们要明确，单从艺术标准来说，是什么决定了不同古董的不同价格。

一方面，某件古董艺术品，“具有艺术价值”和“人们认为它有艺术价值”，这是两种不同的概念。纯粹地谈审美价值，带有极强的主观性，不太可能使评价者达成共识。后者才是评价者达成共识的真正决定因素。

另一方面，某件古董艺术品，“具有艺术价值”和“具有艺术史价值”，这又是两种不同的概念。同样地，后者才是评价者达成共识的真正决定因素。

当齐白石、徐悲鸿这样赫赫有名画家的作品获得了评价者的追捧，我们根本无法断言，是他们某件作品更具审美价值才导致这个结果。显然，画家本人早已“获得了较高的认可度”，进而“具备了绘画艺术史上的特定地位”，这才是他们的作品受到评价者追捧、成交价高昂的根本原因。

如果遮掩画作的名款，请鉴定师单纯就画作本身进行审美，然后给出市场估价，那与显示名款的成交价，不知道差距有多大。

同理：当我们谈论某种版画类古籍的艺术价值，很多情况下，是在谈论“它有较高的认可度”“它在版画史上具有特定地位”。

那些有过著录、名家所出的印谱类古籍，也会比没有著录、不是名家所出的，更容易取得较高的成交价。

这些通常被认为最能直观体现古籍“艺术价值”的细分门类，其实是因为“艺术史价值”而获得了评价者的认可。

——至于社交价值、教育价值、投资价值、展览价值，那更不是古籍所独有的。与其说这些是价值，还不如称之为“衍生功能”。

——学术资料价值，才是古籍所独有的内在价值！

对此，有两点要作说明。

一是，其他古董门类也可以具有学术研究方面的实物价值，但是古籍中的文字（还有一些绘图或照片）最直观、最丰富、最深刻。在所有古董门类中，古籍是绝对的学术资料之王，是以直接提供历史文字信息为首要特点。

二是，称之为学术资料价值，显得有点高不可攀了。

何为“学术”？在汉文中，一般的思考和研究，尚不可以“学术”称谓之。学术成果是指达到一定高度和深度、具有相当系统性的研究成果、理论著作、学术思想观点等。而进行思考和研究，不只是职业的学术研究者可以做，任何人都可以借助古籍实物而为之。

貞豐里庚甲見聞錄卷上　元和陶煦子春
周莊古蘇臺鄉之貞豐里也今爲元和吳江兩縣地在蘇城東
南六十里臼蜆江之濱東走澱瀆南通浙境距吳江所轄之同
里黎里莘塔元和所轄之車坊六直陳墓諸鎮均不過二三十
里居民數百家水環之耕釣爲生雅有小桃源景象然烽火之
警究未能遽與世絕也余家六世祖庚卿公避明季亂自江北
流寓至此樂其無城市浮華之習遂卜居焉今所存者余爲長
胞弟燾字詒孫從弟然字芑孫于姪輩之成立者凡十數人分
宅而居或儒或賈安享昇平咸豐三年癸丑春粵賊洪秀全竄
踞金陵吾蘇惶遽遷避幾空賴向忠武公榮及張忠武公國樑
貞豐里庚甲見聞錄卷上　一

◎相关呈现

贞丰里庚甲见闻录上下卷

清光绪八年（1882 年）刻本，一函一册，竹纸，27.2 厘米 ×14.8 厘米，前有叶昌炽序，此书主要记述太平天国事。存世甚稀，史料丰富。本书写作时，查仅见一次上拍记录，即本册。

所以，不妨以“文本资料价值”或“文献价值”来描述之。“文献”的本来含义，是指记录在一定载体、有一定历史价值和研究价值的知识。文指文本，献指口头。如今，人们通常用“文献”来描述文本知识。

正是在这个意义上，我们甚至把“古籍”直接表述为“古籍文献”。

文献不一定都是纸质的，也可能记录于动物骨骼、皮、竹、木、布帛以及电子储备工具。

文本资料价值，或者说文献价值，是古籍所有价值当中最为基础、最为核心的一种，是区别于其他古董门类的最具独特性之处。

文献价值强调历史性和研究性。业界常常谈及的古籍史料价值、版本价值等，都属于对文献价值的支撑。

文献价值：古籍鉴定的精髓

可以发现，《古籍定级标准》对学术资料价值（即文献价值）的评估，只作了简要的描述，没有过分强调，也没有给出可操作性的方法。不得不说，这是现行《标准》的一个重要的可改进之处。

文物或古董的鉴定，一般包括几个要点：辨别真伪、断定年代、考察质地、标示名称、评定价值。

其他的古董门类，断代和真伪极为重要，甚至构成鉴定工作的核心。一件瓷器、玉器、字画，只要确定了它的真伪、年份、质地、用途，其价值——主要是文物价值和艺术价值就会有相对明确的结论。当然，还要结合鉴定结果，为它们取个名字。

这是其他古董鉴定的难点、要点所在。

古籍不同：

——对于古籍，外观辨伪的难度相对不大。至于内容上的真伪，应当如何看待，后面我们有一篇，专门会说。

——年份断代也不是主要的难点，而且有大量的工具书可以用。

——质地也不是很大问题。如今可见的古籍，绝大部分以纸张为载体。虽然纸张的种类繁多，但在确定年代时，能否精准地判断纸张种类，一般只起辅助作用。

——用途一般是确定的。有时候也会出现无名之书籍，但是比较少，而且结合内容，相对容易定论。

——标示名称几乎不用考虑，这是其他古董门类的鉴定需要面对的问题。

古籍鉴定的难点和精髓，就在于它的内容，它的文献价值。任何一种古籍，都有其特定的内容，甚至有历代使用者留下的文字痕迹。怎样去陈述和判定这种价值是鉴定者面临的最重要的工作。电视台鉴宝类的节目，专家对其他门类的古董，往往可以较快地做出判断，但对古籍就做不到这一点。全面准确地评价文献价值，需要花一定时间进行研究。

古籍的特殊性，就是它直观地承载了丰富的历史信息，并和所在的社会背景深刻地结合在一起。对这种文献价值把握角度的不同，理解深度的不同，体现出不同鉴定者、欣赏者、收藏者的差异。

我们不但可以通过研究古籍的内容来判断这种书的价值所在，还可以由此来判断它的成书年代。这种断代方法，是具有丰富文字和图示信息的古籍所常用的。

在断代和外观辨伪的基础上，如何展现对其独特文献价值的深刻把握，这是古籍鉴定的精髓所在！

至于拍卖成交价格，以及各种法律意义上的古籍价格评估，包括捐赠、继承等公允价格评估，损坏赔偿等保险价格评估，都是根植于对其内在价值，即文物价值、文献价值、艺术（史）价值等的评估基础之上。

本书初步设计了“汉文古籍鉴定和评估的构成关系略图”（见下页）。这一图示也涵盖了本书第三篇的部分内容。

对人类所创造的任何凝聚了历史信息和审美价值的古董，包括古籍，以前从不存在、以后也不会存在世界公认的价值或价格评估方法。只能说，对古董的评估过程，有一定的程序和方法可遵循，但主要是一个主观综合判断的过程。尤其是，一种古籍或任何艺术品，随着研究者对它不断有新的认识、新的发现，就会不断提升它的内在价值，进而提升市场对其现金价格的评估。

补充之一：
不能用量化统计的数学模型来评价古籍价值

对古籍价值的评估方法尚没有公认的规范，曾有学者设想，依据传统的“三性”评价基础，把古籍的文物价值、学术资料价值（本书称为文献价值）和艺术价值作为三个大指标，然后各自细化为更多小指标。评价具体古籍时，逐项进行打分，最后对各项小指标的分值，按照某种数学公式进行加权计算，最后得出这种古籍的总分值，从而达成“精准”的评估结果。进而，用于不同古籍间的价

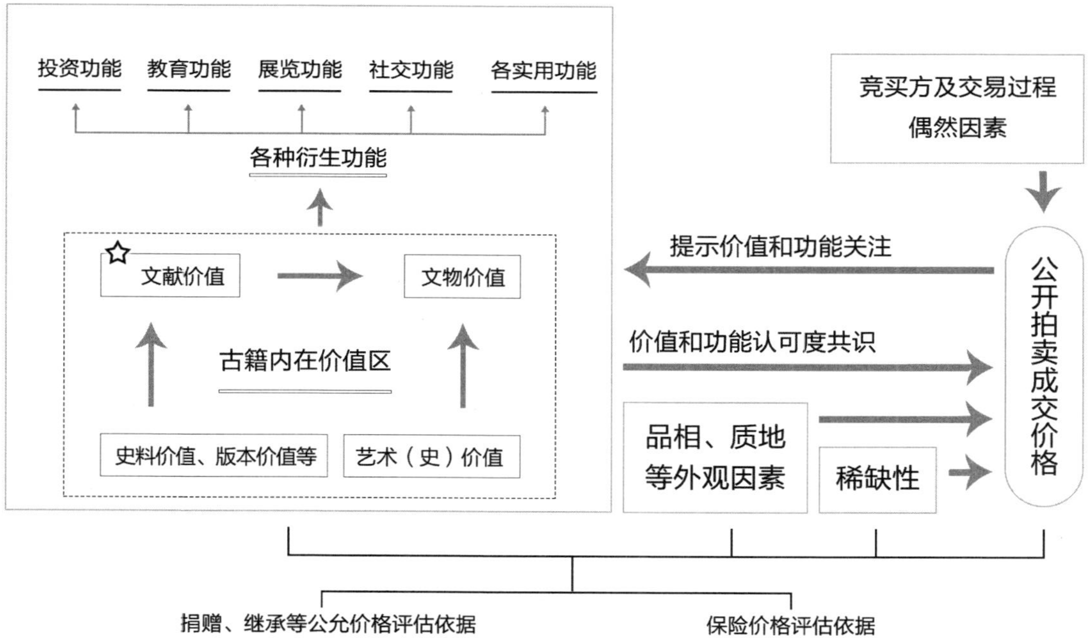

汉文古籍鉴定和评估的构成关系略图

值比对。比如，把学术资料价值，分解为：原创字数占全书字数的比例，以此评价其原创性；是否有批注以及批注字数占全书字数的比例，以此评价其批注价值；是否有校勘以及校勘字数占全书字数的比例，以此评价其校勘价值；是否有序跋以及序跋字数占全书字数的比例，以此评价其序跋价值。诸如此类。对于这一思路的研究者，本书表示道义上的声援。由此可见，国内对于古籍的价值评估，缺乏有效方法之甚。显然，上述思路，在评估实践中不具有合理性。

尚未了解到，国际上评估古籍价值是否有类似的方法。如果有，本书对这种“国际学术惯例”同样表示质疑。本书认为：

——不能用量化统计的数学模型来评价古籍价值，也不能用来评价其他的古董门类。

汉文古籍中的绝大部分，都是主观意识凝练的结果，不是对客观世界的精确测量。即便是科技著作，也不能用字数的多少来衡量其价值大小。假如两种类似的古籍，一种的序跋字数比例大于另一种，在这一小指标上，真的可以断定前者的价值大于后者，而且连大多少都能计算出来？用自然科学的量化统计模型来衡量文史哲古籍，方向错了，再进行任何精妙的加权统计，都属于沙上建楼。

——基于上一条，对“三性”在特定古籍价值中的权重，也不能用固定的比例来衡量。有的古籍是以文物价值获得认可，有的古籍是以文献价值获得认可，有的古籍则是在艺术史上具有特殊价值。这些价值，都不能用数字分值来衡量。

——同理，对“某性”价值的更细小指标的分解，也不能一刀切地用来评价所有类型的古籍。比如，有的书，只需有一条可以确认的名家题跋，哪怕只有寥寥数字，就有可能达成对其内在价值评价的质的飞跃。

本书建议，在具体的评估实践中，以“一个明确，三个注重”为准则。

一个明确：

——明确所要考量的价值，是指古籍的内在价值，还是可用现金衡量的外在价格！

三个注重：

——注重考量特定古籍的稀缺性。

——注重考量特定古籍在文献上的实用性。一种古籍，只要在一个方面，具有突出的实用价值，就可以鹤立鸡群，获得收藏者、研究者或投资者的青睐。

——注重考量某一种古籍或同类古籍的历史拍卖成交价。使用“外在价格和内在价值之间互相参照”的评价方法。这是古籍的评价体系当中，唯一可以量化的参照指标，集中反映了藏、研、用、交易各方对特定古籍达成的价值共识。对此，我们将在下一篇，即本书第三篇详细讲述。

在实践中，以“一个明确，三个注重”为准则，可以做到对特定古籍价值的大致判断。并且，对古籍内在价值的评估，以及由此达成的外在价格，都是基于强烈主观经验色彩的模糊判断。

概括来说，对古籍等任何古董门类的价值评估，是一种艺术，不是一种技术。好比一名法官，当然要依据客观事实，结合具体的法律条款，但一定会经历一个“综合了种种客观因素的主观判断过程”，才能得出一个最终的论断。古籍内容上的是非曲直、价值大小，也不能用数学方法来测量。否则，收藏和研究古籍该是一件多么乏味无趣的事。就像评价一幅绘画作品，使用量角器、圆规、天平这些看似精准却完全不相关的工具。

补充之二：
不能孤立地以版本早晚，论定所有古籍的价值

有些初入古旧书籍收藏圈的人士，容易有一种误解，就是把版本的早晚，等同于版本价值的大小，进而认为，早面世的书，通常比晚面世的内在价值大，相应地，价格也应该贵。

不可否认，年份久远的宋元版，因其存世量已然甚少，全本更是罕见。无论其内容价值如何，仅就可作为历史的实证而言，它们

的文物价值弥足珍贵了。

但是，对于存世量尚多的明、清、民国书籍来说，仍然孤立地以面世时间的早晚来论定其内在价值，就比较不妥。

版本学是古籍研究体系中的重要学科，对于厘清某一种书的流传过程、内容变迁，进而对各个版本进行综合的价值判断，具有重要和不可替代的作用。但是，单纯地依据版本早晚，尚不足以对某种古籍进行价值定论，以及价值比较。

从版本早晚的角度来品评价值大小，仅对某一特定古籍的历史纵向比较有一定作用（也不见得年代早的版本就一定比年代晚的更具价值）。当我们对不同的古籍进行判断和横向比较时，单纯地强调版本是没有多大意义的。我们总不能拿《海国图志》的道光刻本和《聊斋志异》的乾隆刻本作比较。

“年份至上”的版本认识法，导致了：不去结合，或者有意忽略书的内容、文献价值，单纯地强调年份早的书比年份晚的书有价值；创刊号比后续的刊期有价值；初刻本比以后版次的书有价值；诸如此类。

这就忽略了书籍和其他门类的差别，人为地把一部书所承载的丰富的历史文化信息隐藏了。

最早谈版本，专指雕版刷印之本，以区分于抄写之本。随着书籍印刷方式的发展，以及人们辨别不同版次的书，已经不仅仅考量它的印刷方式，也要考量它的内容变化。这样，版本的含义，已经从雕版扩大到任何成书方式，进而从形式扩大到内容。

据《中国古籍版刻辞典》对版本学的定义，其研究范围已经包括写本、历代刊本、历代传录本、批校本、稿本，以及每一种书的雕版或传抄源流，下及印纸、墨色、字体、刀法、藏书印记、版式行款、缮写者、刻字工人、装潢式样等，以辨明孰为善本，孰为劣本，孰为冒充旧刻，以“研究这些差异，并从错综复杂的现象中找出其规律”（顾廷龙《版本学与图书馆》），为整理和研究古文献的历史需要服务[①]。

①瞿冕良，《中国古籍版刻辞典》，济南：齐鲁书社，1999年，第372—373页。

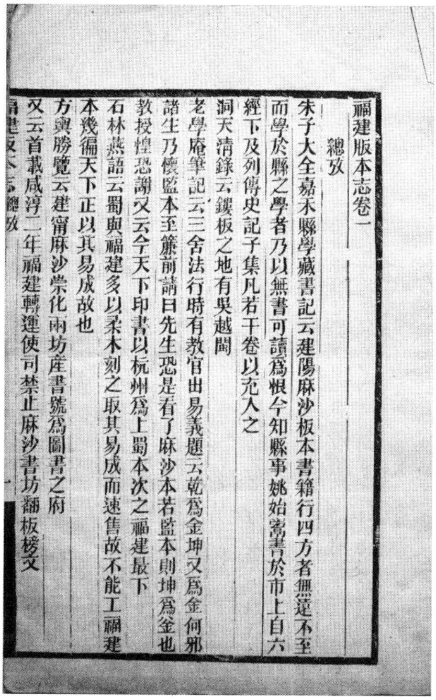
福建版本志卷一

總攷

朱子大全嘉禾縣學藏書記云建陽麻沙板本書籍行四方者無遠不至而學於縣之學者乃以無書可讀爲恨今知縣事姚始嵩書於市上自六經下及列傳史記子集凡若干卷以充入之

洞天清錄云鏤板之地有吳越閩

老學庵筆記云三舍法行時有教官出易義題云乾爲金坤又爲金何邪諸生乃懷監本至簾前請曰先生恐是看了麻沙本若監本則坤爲釜也教授惶恐謝又云今天下印書以杭州爲上蜀本次之福建最下

石林燕語云蜀與福建多以柔木刻之取其易成而速售故不能工福建本幾徧天下正以其易成故也

方輿勝覽云建甯麻沙崇化兩坊産書號爲圖書之府

又云首載咸淳二年福建轉運使司禁止麻沙書坊翻板榜文

福建版本志　總攷　一

福建板本志

◎相关呈现

福建板本志八卷

民国刻本，未署著者，一函一册，竹纸，27.7 厘米 ×19.7 厘米。查此书民藏极为罕见，仅有一次上拍记录，即本册，专事介绍福建所刻之宋元明清版。前有总考、经部、史部、子部、集部、丛书、补遗、附录八卷。其中，丛书一卷，录正谊堂全书、武英殿聚珍版丛书两种，此两种非福建人所编，乃福建所刊，故不入福建省丛书而入福建省版本。

其中，关于福建刻武英殿聚珍版丛书的记载，对今人了解此版的成书过程，以及书版的灭毁原因，均很有文献价值。特摘录在此，供大家了解参考：“武英殿聚珍版丛书，二千八百三十卷，别行书八种，一百九十四卷（继而详列各书名称卷数）是书因乾隆间四库全书告成，又搜访所得遗籍，用活字印一百数十种，名曰武英殿聚珍版（原书刻为“板”），颁发各省锓刻，一时传刻者，若浙，若苏，若赣，卷帙多寡不一，要以福刻百二十三种为最富。惟历年已久，屡经修葺而校勘犄疏，编次凌乱，几于不可读。光绪十七八年间，经闽浙总督卞宝弟、谭钟麟先后督修，选知府傅以礼为总纂，知丰顺丁氏藏有当时原本，借之来闽，较福刻多十余种，遂据以勘补。增刻丁本之外，又稽各家书目、称为聚珍本而尚有他刻可据者，一律补镌，计较旧刻外新增二十五种，其各本中有篇章缺佚，由以礼寓书杭州丁氏、湖州陆氏，或录副以来，或刻成寄校。若诸种中访有宋椠元钞尚存者，亦辄转物色，据以更易旧刻，否则甄采裒集，自十余卷以至一二篇，附为拾遗，并互考其异同，别作校勘记附后。以礼又成例言十则，将新旧刻诸书分四部目录，共计一百四十八种。其本非聚珍版之书、前此修版误入者，则析出另列一目，所谓别行八种是也。其版旧藏藩库，后移度鳌峰书院，后书院改政法学堂，辛亥革命之战，版熸焉。”

本书非常赞同这一表述。它不但对版本学作了详细的解释，更主要的，可注意这一定位——“为整理和研究古文献的历史需要服务”。

这正是本小节想要表述的核心意思：不要把版本的早晚，当作评价古旧书籍的首要价值标准。相对于它核心的文献价值，版本源流的厘清只是一种基础手段，一种辅助工具，一种评价上的参照。

许多初入古籍圈子的人士，往往被一些诸如“初刻本”“最早版本”“唯一刻本”之类的描述所吸引，以为凡是可用“最”“初”“唯一”这样的字眼来描述的书，就是绝世佳刊。否则，就是普通版本。

这种过于注重形式的判断倾向，延伸到清末民国以来的刊物收藏中，则是一些藏家对“创刊号”门类不加区分的迷恋。对此，应予以适当的探讨。

我们举两个例子。

——第一个例子，是关于创刊号。

把创刊号的收藏，放到本文来谈，就是把刊物当作书来看待的。把刊物和书籍严格地区分开来，不符合实际。书，包括丛书，分篇章或者分册，先行写作，集中出版。刊物，则是以时间为序，分册写作，分册出版。一样的纸质载体，一样可以承载历史文化信息，两者在本质上没有区别。

无论创刊号收藏发端于何时，发端于何人之手，这种倾向，导致有些书商在收到一批刊物之后，单纯地把创刊号拎出来，特别标售，或送拍卖公司，而其他的刊期，往往低价抛售，甚至依据每期不同的内容，拆散转让给不同主题的收藏者，造成了当前刊物收藏中，把创刊号视若珍宝、其他刊期四分五裂的不良现象。

一些藏家引导了这一倾向，并影响了更年轻一代的收藏者。他们愿意为创刊号付出高于其他刊期多倍的价钱，使得流通渠道对创刊号趋之若鹜。有的拍卖行索性推出了创刊号拍卖专场或专题，进一步割裂了创刊号和其他刊期在内容价值上的天然链接。

创刊号的专题藏家可以列举很多理由，比如，载有创刊词，为整个系列的刊物开宗明义，有许多重要名家捧场题词撰文，有主创人员名单之类。因此，声称创刊号在所有刊期中最具特别价值，应该另眼相看。

我有一个猜测：最早进行创刊号收藏的人士，选择这一专题，主要是因为没有财力收藏某种刊物全套的刊期，或者没有渠道收藏全套的刊期，只好退而求其次，夸大创刊号所承载的特别含义，从而提升自己这一专题收藏的意义，希望获得收藏界和市场的认可。

一旦这理念获得了认可，后来者就以为创刊号确实具有最大、最独特的价值，其他刊期仅仅是创刊号的“长尾”，有更好，没有也无所谓。

要看到一种刊物的收藏，没有创刊号，确实是不完整的。但是，只有创刊号这一期，它仍然是不完整的。按照藏书界的惯例，单纯的创刊号，甚至应该视为残本！

如果把创刊号视为全本，那续出的刊期怎么定位呢？每一期刊物都是全本？这显然不符合事实。但如果其他刊期都是残本，为什么创刊号可以视为全本呢？这在逻辑上是说不通的，也不符合刊物出版的实际。

创刊号自有其重要性，但是，它和续出的刊期，是一个不可分割的整体。创刊初期，各方面有待完善。随着后续刊期的不断出版，编辑团队可能会根据读者需要、各界反馈，不断地改变编辑思路，提升刊物品质。对于出版时间较长的刊物，只有把连续的刊期放在一起，以时间线条排列开来，才能发现它的变化：内容的变化，编辑团队的变化，作者的变化，以及它所浓缩、折射的社会变化。刊物的收藏和研究才是全面的和有意义的。

不能因为全套的刊物不好收集，就单单地把创刊号拎出来，人为地拔高它的价值。为了更好地保护一种刊物的所有刊期、让刊物收藏回到它的本来意义，单纯重视创刊号的收藏理念，真的到了应该改变的时候了。

——第二个例子，《本草纲目》。

拍卖市场给出的价格，也不见得年份越早的版本，价格就越高。这是对其内在价值的一种评价参照。

当然，《本草纲目》最早的明万历金陵祖本，自有其特定的价值。业界认为，金陵本最忠实于李时珍的原作。2015 年西泠印社拍卖会有一部 21 册棉纸残本面世，全本五十二卷，此仅存四十二卷，仍录得 28 万元的落槌价，加佣金共有 32 万元。虽是棉纸，须知 2015 年明棉纸刊本价格已然大幅回落，作为一部残本，32 万元已属善价。

金陵本之后，翻刻者较为著名的有万历江西本、崇祯钱氏杭州本和光绪张氏合肥本。目前市场所见，翻刻本中，有清一代，以钱本体系的支脉较多。典型的即顺治年间吴氏太和堂直接承接了以图版见长的钱氏书版，对书中错讹有所校改、补修，加吴氏序言再行。这个版本在清版《本草纲目》中面世较早，此时清代避讳制度尚未建立，许多后世书商往往去除吴氏的顺治序言，以明版名义出售。因其直接承袭钱本，仍有较高的认可度。著名的四库全书就是以吴氏太和堂本为底本，可知其珍。吴氏太和堂本之后，又有书坊据此翻刻，品质则降低不少。这些翻刻者，虽然年份在光绪的张氏合肥本之前，但价值却不及后者。

当前市场所见，金陵祖本具有无可比拟的地位，不仅因为它最早，更因为它公认对于原作的忠实。由此以降，查江西本，2014 年西泠印社有白棉纸本 40 万元落槌价，加佣金共有 46 万元。查钱氏本，未见于公开拍卖。承袭江西本的顺治吴氏本，2018 年价格在 5 万元上下，历史成交价亦未见突破 10 万元。此书的诸多再翻刻本，其价格更在吴氏本之下。

直到清光绪年间，合肥张绍棠味古斋刻本，兼而参校江西本、钱氏本两脉，图版依据钱本精制改绘，全书正文仍为五十二卷，附有拾遗十卷，因其内容完备，刻印精良，世称"张氏合肥本"。此本被商务印书馆、锦章书局、世界书局广为采用为印书底本。新中国成立后，人民卫生出版社的影印本，也是以张本为底本校定。有清以来，翻刻明版《本草纲目》者甚多，但拍卖市场给出的价格，最可与此书明版比肩者，首推此清末光绪张氏合肥本，曾经逼近 20 万元整数关。据知，此书的拍卖场外成交，更有过于此价者，亦完全在情理之中。

由这一案例管窥，即便是同一种古籍，也不见得时间早的版本，就一定比时间晚的版本更容易获得市场认可。

重申一下，我们只是不主张单纯地强调版本的年份早晚、是否初刻、是否唯一，认为应当结合书籍内容价值等具体情形而论，而从未忽略版本研究的重要意义。

相反，历代版本学者的研究成果，恰恰是对古籍进行内在价值判断的不可或缺的重要参照系。

可是，为什么说，公开拍卖成交价格高的，往往内在价值也高，反之亦然呢？

第三篇
拍卖成交：竞拍者达成共识的意义

我们在本书开篇的“阅读提示”中已经说明：本书所说的汉文古籍交易，都是指在国家法律规定范围内的合法交易。凡法律禁止买卖的古籍文物，不在本书关于古籍交易的讨论范围之内。

古籍界有一句常说的话：善书自有善价。

拍卖成交价格的本质，就是当时综合条件下，市场参与方对拍卖标的全部内在价值和衍生功能所达成的共识！

之所以在本章专事谈论“拍卖成交”，而没有涵盖所有的转让渠道，是因为拍卖成交具有公开透明的特点，而其他的转让渠道，无法提供公开的价格记录可以查询。关于各种转让渠道的详细介绍，以及对价格的影响，将在下一篇进行。

内在价值和外在价格的呼应

传统的学者，把古籍作为一种研究资料的来源。其中，有一部分人对古籍市场的活跃，持有一种抵触的态度，认为拍卖炒高了古籍的售价，他们再也不能用低廉的价格买到心仪的文献了。他们抱怨的同时还会去参拍，有些书的高价，本身就出自他们的竞争。

他们用行动证明了一个事实：正是市场的活跃，使得藏家们愿意把手中的古籍释放出来，换回货币。这才使得对古籍有终端需求的人，能够高效、集中地找到心仪的东西。如果没有拍卖会，他们一种一种地去寻觅所需的书，可能会花掉较少的钱，但是会花掉大量的时间。

时间，而不是金钱，才是我们做任何事情所付出的真正的成本。

很多人惯于计算金钱的成本，不算时间的成本，这是最终效率低下的原因。

谈论古籍的市场价格，不是一件低俗的事。拍卖会集中体现了一项核心功能：价值发现，进而高效地给出定价。

把某种古籍的内在价值，通过成交价呈现出来，这种力量，驱动了卖方继续寻找和提供货源，同时维护了拍卖会的定价功能。

有人会说，拍场买家不见得能够深刻理解某种古籍内容的真正价值，许多内在价值要依赖学界的研究和发掘，才能呈现出来。

确实如此。

可是，当学界挖掘出了某种古籍的新的内在价值，这一价值一旦被市场捕捉到，一定会体现在它的成交价上！反过来讲，一旦某种超群的成交价呈现出来，这种古籍就会引起市场的关注，促使更多人去探究它的内在价值和衍生功能。这就是其内在价值和成交价格的良性互动，是古籍市场的意义所在。（可参照本书第二篇的插图）

但是，任何市场的价值发现功能的实现，不见得是一起步就有的。

发端于18世纪中后期的现代拍卖形式，迄今已有200多年的历史。比较起来，国内的古籍拍卖至今不过25年，属于典型的成长中的新兴市场。它的价值发现功能，以及有效的定价机制，仍在逐步成熟过程中。

古籍拍卖肇兴的20世纪90年代，正是国内股市、房市刚刚起步的时期。各行业的市场发展，呈现了类似的特点。无论股市还是房市，在市场建设的初期，往往呈现出普涨普跌的状态。波澜壮阔的大牛市里，垃圾股可以和绩优股共舞，三、四线城市的房价涨幅可以直逼北上广深。熊市的悄悄降临，才是市场参与者走向成熟的开始。

古籍拍卖市场是古籍的所有交易渠道中，最主流、最公开的形式，其市场参与者，也在经历从盲从到理性、从类型化投资到对具体某种古籍独立思考的过程。

慢悠悠的大熊市

在 2010 年到 2011 年的火爆行情中，3 月拍下的东西，6 月在另一场拍卖会上露面，就会盈利百分之五十，甚至翻番，这不夸张。有些古籍书店的标价更新若不是那么迅速，就有人直接在古籍书店的货架上买走东西，送到同期的拍卖会上，立刻就有了几倍的回报。一般认为，这和 2008 年的“四万亿”经济刺激计划，有较为密切的关系。

那个时期，火爆的不只是古籍，背后是整个艺术品市场的疯狂，也是当代青年书画家的黄金时代，最容易赚钱的时候。当时我还在媒体工作，杂志社的美编小姑娘跑来说，她想辞职，要去做职业画家，因为全行业躁动，恐怕以后很难有青年画家这么容易赚钱的时候了。

果然。

古籍市场的运气并不太好。即使行情最火爆的时候，与同时期的字画、瓷器等大项相比，古籍的价格也没有体现出同等的价值。2011 年以来，还没有爬到山顶的古籍价格，就随着整个艺术品市场的跌势，不动声色地落了下来。

开始，买卖双方都是没想到的。不知道大环境已经变化了，大资金已经溜走了，市场要走熊了。

古籍市场不像股市，有成熟的指标，有大盘指数标示总体走势，有个股价格标示微观走势，年线月线周线日线分钟线，线线直观。一丝一毫的变化，尽在投资者眼中展现。

古籍市场没有K线图，一切宏观和微观的变化，都装在每个买家、卖家的脑子里。别人的脑子里想什么，我不会知道。你敏感，你有前瞻性，你就主动，不然，人为刀俎，你为鱼肉，没得选。

信息变化的不直观、不及时，导致了市场参与者决策的延迟。

自2011年之后的每年春拍，大家都满含期待，希望前几年那种每到春拍就会掀起一波涨势的传统场景可以再现。但是近年来，大家都失望而归。整个大环境资金面不乐观的时候，指望古籍市场一枝独秀是不现实的。

在这种不断希望又不断失望的循环中，等大家都明白过来的时候，明版的凌闵刻双色套印本，全本的单册价格，已经从十多万元掉到了三五万元。被作为“价格指标书”的明闵氏三色套印本《古诗归十五卷》，从2011年百万元的成交价跌落到了2016年的50万元起价无人问津。（虽然以册论价并不公平，更不准确，但在一个不太成熟的市场中，这仍然起到了一定的价格参照系的基础作用，可说是一种“朴素的价格参照”）

同样属于备受追捧的清宫装殿版开化纸全本古籍，大多数也从几十万元的价格量级，跌落到了十几万元甚至几万元，有时候还需要重拍才得以几万元底价成交。2010年曾经站上49万元落槌价的清康熙殿版开化纸本《御纂周易折中二十二卷》，在我写作本书的当下，无须10万元就可以轻松拿下，还是全本。

清三代精写刻本。高峰时单册的价格，初刻初印的精品，全本可以达到一册1万元或更多，现在至少腰斩。粗制滥造的常见文集，就更不用说了。

其中，有一些资金链断裂、割肉抛售、黯然离场的事，都实实在在地在身边发生，和股市的残酷别无二致。

7年来大势走熊的古籍市场上，却有一些原来不显山不露水的品种迎风而上，不跌反涨，制造了一波又一波的结构性小牛市。

哪些做到了逆势上涨

不是所有的品种都在下跌，否则，这个市场中也不可能有那么多人坚持活了下来。他们一定是找到了某种方法，捕捉到了某些品种，而这些品种有着以前不为人所注意的丰富的终端需求者。这些终端需求者，在这些特殊的品种当中，发现了他们需要的内在价值。

不仅是标准概念中的明清古籍，许多带有相同特质的民国文献，也呈现出同样的价格特点，即逆势上涨。

讲一个实例。

2018 年 8 月的某一天，一位古籍买家在一位地方志书专题藏家的手中，买到了三种民国地方志。

这些志书，均系这位藏家通过公开合法渠道购买得到，属于他二十年来的专题集藏。购买当时，他纯属喜好，个人亦有经济实力，从不考虑价格，看上就一定要买到手。所以，几乎每一种，对比历史的成交价，他的要价都是非常高的。以“朴素的参照系”来看，若是全本，当前，民国的石印排印本的志书，市价在一两千元。清后期的刻本志书，在两三千元。可是他的要价，几乎是这个所谓市场价的两三倍。

出于对方志的个人偏好，这位买家还是买下了这几种书。分别是《良乡县志》《雄县新志》《正定县志》。付款拿书之后，送到了中国书店旗下的海王村拍卖公司，立刻上拍了。接下来的结果是公开透明的，9 月 29 日，三种地方志古籍全部高价成交，竞买人现场付款提货，满载而归。

原因何在？

良乡，北京西南 20 公里，早在明代就已成为“畿辅首县”，今为首都西南门户，京南开发重地。自秦朝建县以来，因“文物俱良”而得名，久为商贾云集、艺文繁华之地。光绪十五年的良乡旧志印量极少，又经兵乱，书板早已无存。民国以来，先有两任良乡县长倡导修志，均因筹款艰难而未成功。周志中县长莅任后，善谋周旋，聚诸士绅同志，任事者纯尽义务，些许筹款主要支付纸笔印刷之费，才得以修成本志。不料成书之后，京畿兵乱更多，政坛跌宕，故存世稀少。可知前人于乱世修志之艰难，传世之不易。20世纪60年代台湾出版的中国方志丛书《良乡县志》影印本，就是以这一套民国十三年八卷本为底本。上拍的标的共四册，全本，1万元起拍，5.8万元落槌成交，加佣金总共6.55万元。按照“朴素参照系”的计算，平均每册1.5万元！

雄县隶属于河北保定，地处冀中平原，与北京、天津成三角之势。在本志之前，雄县县志失修已经二百五十年之久。民国十七年始兴其事，历时两年而成，定名新志，逾二十四万言，补二百年文献无征之缺，实为巨观。上拍的标的一函十册，1万元起拍，7.8万元落槌成交，加佣金总共8.8万元，平均每册8800元！

正定位于冀中平原，是河北省省会石家庄之北大门，古称常山、真定，历史上曾与北京、保定并称“北方三雄镇”，为国家历史文化名城，中国民间艺术之乡，有“古建筑宝库”之称，也是百岁帝王赵佗、蜀汉名将赵云故里。民国二十年，正定曾经修志，惜甫一成稿，尚未付梓，即遭遇事变，书稿尽毁于火。本志为不辍又修之本。上拍的标的一函八册，4万元落槌成交，加佣金总共4.5万元，平均每册约1.1万元！

上述三种县志，虽然都是民国排印本，成交价均为“朴素参照系”的5~10倍。

我们发现，这个不是特例，也不是个案。在整个古籍市场向下调整的多年里，地方志书始终价格坚挺，保持着实际和旺盛的需求。

中国有官修志书的传统，从皇帝到乡绅都十分重视。许多地方官员，若能在任期间修志一部，不但可能获得上级表彰，更可以把大名留于书上，现成的名垂青史。不仅一县一志，还可以一省一志，谓之通志。也有更加微观的，一寺一志，一山一志，则较为稀少。民国期间，甚至有些在历史上有过特殊经历的村庄，还出过油印的村志。

对接终端需求，地方志因为直接记载了大量的多类别的丰富史料，获得各地方文献藏家、研究者的追捧。它的价格，始终坚挺，是逆势而上的价格典型。

不仅仅是志书，但凡具有丰富史料价值的书，都有旺盛的需求。如果同时又是稀见少有的，低价难以得手。

民国著名大学的校刊、军校的同学录、稀有的红色文献、商业机构的资料书，一册全本，动辄几千、几万元的，已经多得无须举例。偶尔上蹿至 10 万元关口的，已经算不上什么天价了。这远远超过了常规的清刻本、明刻本的价格。

前文讲过，本书是不赞同单纯收藏创刊号的。然而，这里有个例证，偏偏就是创刊号。

印象比较深的是这件：

上海群益书社民国四年（1915 年）印行的《青年杂志》创刊号，2017 年 5 月 7 日，山东一场小拍上，8000 元起价，底价一拍成交。现场的观者，已经觉得很高了，原以为会流拍。虽然有特殊的史料价值，但是毕竟只有一册，看上去很不起眼的一本杂志，8000 元，此小拍买方佣金 12%，所以加佣金总计 8960 元，离 1 万元也没差多少。在当时看来，已经超出预期。

仅仅过了不到两个星期，5 月 20 日的中国书店海王村的春拍上，同样是这本书，又出来另外一本。2 万元起价，5.8 万元才落槌！加 15% 佣金，总计有 6.67 万元。如果想要吃惊，一年之后还有机会。

2018 年 6 月 24 日的上海博古斋春拍。我对这一场印象深刻，标的太多，古籍文献加碑帖，超过 1600 件，两天预展未能遍览，日场连着夜场。就在这场活动上，“熟悉的陌生人”《青年杂志》创刊号又出现了。经仔细比对，正是一年前以大约 9000 元成交的那一本！估计是参照了海王村的成交价，以略低的 4 万元起价。结果，一路高歌到 24 万元才落槌，加 15% 佣金，总计已达 27.6 万元！

这三场拍卖会，我都在现场，眼睁睁看着一本民国杂志的价格，从 9000 元翻到了 27 万元。一年，30 倍！

不是所有的史料类民国文献都可以创造这种奇迹。但是，创造了价格奇迹的民国书刊，非常大的比例，是有着丰富而独特的史料价值。

全年沉浸于各场古籍拍卖会的同业人士，可以见证：是内容的特殊内在价值，而不是任何外观因素，满足了市场对史料类古籍的实际需求。如果说，在古董市场中，古籍是赝品最少、泡沫最小的品种，那么，史料价值突出的古籍，则是其中更加没有多少泡沫、生生地被终端需求者一拍一拍买成现在这个价位的优质品种。

价格的上涨，反过来明显地激发了市场各方对史料类古籍的发掘热情和珍视程度。

结合本篇对近年市场和例证的回顾，本书认为：

公开的拍卖市场价格，是交易各方对古籍文献内在价值达成的共识。

宏观的理解和微观的理解密不可分。对古籍市场理解得越深刻，对具体古籍内在价值的把握就越精准，反之亦然。

这种顺畅和良性的互动关系，是古籍市场日趋理性和成熟的特征。

第四篇
市场要素：什么影响了成交价格

接续上一篇的话题：市场价格是交易各方对古籍文献内在价值达成的共识。透彻地了解古籍价格的影响要素、形成机制，有助于我们加深对这个市场的宏观理解，也有助于在微观层面更好地理解某一种书的内在价值。

当这种宏观和微观的理解，都达到了一定量的信息储备，俗称阅历，那么，无论是面对变幻多端的市场，还是审视某一种具体的书，大脑模糊处理的准确度都会大大提高。

任何藏品拿出来兑现，由于藏品本身不同的特质、不同的购买人、不同的转让渠道、不同的转让时机，会得出不同的成交价。一个变量的微小差异，都可能导致成交价的巨大差别。任何属于交易预判的靠谱估值，都是一个价格区间，不会是一个精确的数字。捐献、继承、损坏赔偿等法律意义上的估值，不以交易为目的，则另当别论。

一个成功的交易者，在复杂市场中的生存之道，就是对这些复杂变量游刃有余的把握。在入手一件藏品之初，就会把这件东西的性质厘清：是为了收藏的，为了研究的，还是为了交易的，抑或兼而有之。在此前提下，结合预期中的多种变量，必有多种预案成竹在胸，才会采取行动。

国家关于文物合法交易的法律和政策

古籍经由拍卖会等渠道，已经合法交易了20多年。这些古籍拍品，大量地征集于个人，又通过竞拍被个人购得。

申请上拍的古籍当中，无论是否属于文物，都会经过文物行政部门的审核许可。由此进入流通渠道的古籍，既可能一直被藏家置于架上，也可能在未来某个时候，又被拍卖公司征集，再度进行交易转让。

通过合法方式、取得国家禁止买卖范围之外的文物，是可以依法收藏、转让、流通的，这是《文物保护法》允许的合法行为。

哪些是国家禁止买卖的文物?

根据2017年11月新修订的《文物保护法》，第五十一条规定，公民、法人和其他组织不得买卖下列文物：

（一）国有文物，但是国家允许的除外；

（二）非国有馆藏珍贵文物；

（三）国有不可移动文物中的壁画、雕塑、建筑构件等，但是依法拆除的国有不可移动文物中的壁画、雕塑、建筑构件等不属于本法第二十条第四款规定的应由文物收藏单位收藏的除外；

（四）来源不符合本法第五十条规定的文物。

关于“国有文物”。

古籍属于可移动文物，《文物保护法》第五条规定，下列可移动文物，属于国家所有：

（一）中国境内出土的文物，国家另有规定的除外；

（二）国有文物收藏单位以及其他国家机关、部队和国有企业、事业组织等收藏、保管的文物；

（三）国家征集、购买的文物；

（四）公民、法人和其他组织捐赠给国家的文物；

（五）法律规定属于国家所有的其他文物。

关于“第五十条规定”。

具体内容为，文物收藏单位以外的公民、法人和其他组织可以收藏通过下列方式取得的文物：

（一）依法继承或者接受赠与；

（二）从文物商店购买；

（三）从经营文物拍卖的拍卖企业购买；

（四）公民个人合法所有的文物相互交换或者依法转让；

（五）国家规定的其他合法方式。

文物收藏单位以外的公民、法人和其他组织收藏的前款文物，可以依法流通。

绝大部分从事古籍收藏的民间人士，不是专业的法律工作者，在区分哪些古籍可以合法买卖方面，包括但不限于应该掌握几个原则：

一是，国有文物不可买卖。

二是，出土文物不可买卖。古籍几乎没有出土的，但并非绝对没有。

三是，必须从《文物保护法》第五十条规定的合法渠道获得。这一条格外重要。尤其是，20 多年来，经由拍卖公司进入古籍交易渠道的数量非常之大，这些古籍都是在文物行政部门的监管之下，通过了核准，获得了上拍交易的许可，无疑在可以交易的范围内。

2018 年 9 月 20 日，中共中央、国务院发布《关于完善促进消费体制机制进一步激发居民消费潜力的若干意见》，在“推进服务消费持续提质扩容”一节的“文化旅游体育消费”部分，明确了“健全文物合法流通交易体制机制”。

这是国家政策在“居民消费”这样一种个人层面、明确了文物流通交易合法性的正式文本的表达。也明确了，凡进入合法流通交易渠道的文物属于“文化旅游体育消费”的内容之一。

国家层面的这一表述，再次明确回答了“居民个人能否合法进行文物交易”的问题。国家文物管理部门也十分明确地“鼓励民间合法收藏文物，促进文物市场活跃有序健康发展”。

在国家鼓励民间收藏、倡导健全文物合法流通交易体制机制、《文物保护法》保护民间合法收藏的大背景下，若秉持“凡是文物都不能买卖”的过时观念，无论在政策上还是在法律规定上，已经完全不符合民间收藏和流通交易的现实了。

现在，我们回到本篇的主题本身：哪些因素影响着古籍交易的成交价格？

第一个影响要素：具体古籍的本身特点
——稀缺和有用，古已有之的搜书秘籍

不仅仅是史料类古籍，所有“有用”的古籍都在涨价。

多年前，业者喜欢按古籍的类型，或外在标准，为它们估价。比如宋元版、明白棉、清白纸、清竹纸、民国石印排印等，大致多少钱一册，以便设置“朴素的参照系”。但如今，经常出现一册清竹纸的本子，落槌1万多元，一本民国石印本落槌几千元，而且明显是哄抢式的竞拍，绝非虚张声势。

石印本拍到这个价码，已经超过大部分清刻本。虽与其他古董门类横向比较，绝对价格仍显较低，但与自身此前相比，已经悄然涨了很多。

古籍虽然是特殊商品，但必有一用，才能被人青睐。宋元版因其久远稀缺，清殿版因其出身高贵，品佳书因其展示悦目，白纸比竹纸存得久，此类种种，固然都是有说服力的理由，但从近几年来看，内容的稀缺性和实用性，正在成为第一位的市场关注因素！

我们在上一篇论题中已经强调过：特定历史的实物见证，而不是历史的年份，才是“文物”概念的第一标准！我们习惯上以年份的早晚来描述文物价值，仅仅是因为，由于年代的久远，有用的实物变得更加稀少而已。

诸多此类古籍拍品的超预期高价成交，多次佐证了前文的观点：古籍鉴定和估价的核心，不在于断代和外观的辨伪，而在于对其独特的内在价值进行判断。

一个基本的判断：市场成熟了！

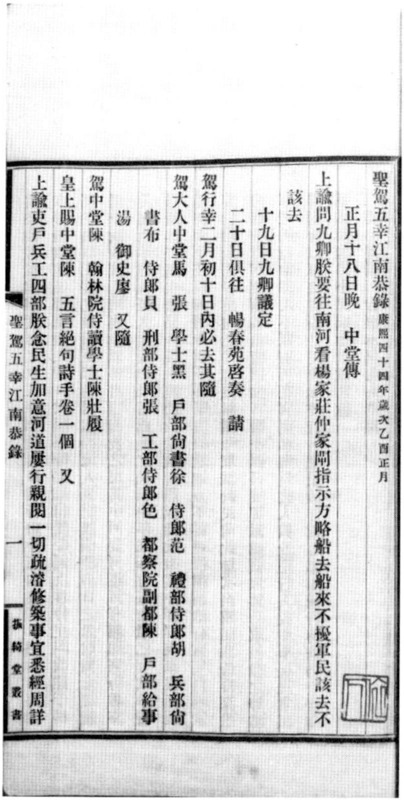
聖駕五幸江南恭錄 康熙四十四年歲次乙酉正月

正月十八日晚 中堂傳

上諭問九卿朕要往南河看楊家莊仲家閘指示方略船去船來不擾軍民該去不

該去

十九日九卿議定

二十日俱往 暢春苑啓奏 請

駕行幸二月初十日内必去其隨

駕大人中堂馬 張 學士黑 戶部尚書徐 侍郎范 禮部侍郎胡 兵部尚

書布 侍郎貝 刑部侍郎張 工部侍郎色 都察院副都陳 戶部給事

湯 御史廖 又隨

駕中堂陳 翰林院侍讀學士陳壯履

皇上賜中堂陳 五言絕句詩手卷一個 又

上諭吏戶兵工四部朕念民生加意河道屢行親閱一切疏濬修築事宜悉經周詳

聖駕五幸江南恭錄 一 振綺堂叢書

◎相关呈现

圣驾五幸江南恭录

清宣统庚戌年（1910 年）汪氏振绮堂排印本，一函一册，白纸，26.1 厘米 ×15.3 厘米，此为振绮堂丛书第一集第一种，据前人传抄本，撰者人名不著。载清康熙帝第五次巡行江南之筹备及巡行所历详情。凡所在某日、所至何处、所见某人、所谕何事、所行何为，均一一恭录。此书颇不多见。

已经告别了普涨普跌的初级阶段，开始呈现出“好书自有好价、普书少人问津”的理性特征。那种只需要辨别年份、纸张、品相、刻印方式等外观要素，就可以在业内游刃有余的阶段，已经过去了。

稀缺和有用，并不是我们今天的新发现。这是古来历代藏书家秉持的传统。现在，我们只是找回这种判断标准。

但是，哪些古籍更具实用价值，也在不断变化当中。

科举时代，经史子集四部，其中，儒家经典的地位很高，因为皇帝要靠它治国，学子们要靠它得功名，官员们要靠它论事，全社会的文人都要靠它来炫耀学问。那个时候，儒学非常有用，是显学。

在后科举时代，它们的实用价值看起来变小了。但是，近年来社会上又兴起了对传统文化的回溯，而大众对传统文化的第一反应，往往是儒家经典。所以，这一类古籍又有获得重视的趋势。只是，无论其重新获得重视的程度多么大，都不可能再恢复到科举时代那种程度了。东西方交流的通道已经彻底打通，历史已经不会再提供那种环境。

第二个影响要素：买家
——谁在买古籍，为什么而买

1. 收藏者。最主要的古籍买家群体。

——综合型的公立馆藏机构。

尤其是富裕地区的公立馆藏机构，有充沛的财政经费支持，热衷稀见版本，热衷文物级别，热衷专题藏品。综合的公立馆藏机构关注面广，要求就是东西好，有亮点，有展览展示的独特价值。往往在收到拍卖图录之后、拍卖会举行之前，就可以高效地作出取舍的决策。一些拍卖行，也欢迎馆藏机构在拍卖预展之前，就先行进入库房查阅拍品，以便更早地作出竞拍决策。

公立机构具有较高的信誉度，结算速度和能力较好，属于各家拍卖行的优质客户。虽然也有经费管控，但是比起个人藏家，对成交价格不十分敏感，只要东西是优质的，就可能给出高于一般竞争者的出价。

——专题型的私家藏书机构。

其他古董门类的绝对价格已高，并存在一定程度的赝品问题，一部分原本热衷其他门类的实力派藏家，一旦接触了古籍这种几乎没有赝品、绝对价格又尚在低位徘徊的品种，就可能改换门庭，把其他的收藏计划改为建设私家的藏书楼，小规模的也可以叫藏书室。他们一旦入行，购买力立刻会排在古籍买家群体的显著位置，显然也会在周边地域引发密切关注。

这些私家藏书机构的主人，有的是自己直接操刀，成了古籍圈子的密切参与者，也有的忙于经营原有的生意，没有更多时间钻研古籍，或者本身文化知识根底并不十分扎实，就把收纳藏品的工作，委托给古籍圈子里的专业人士。我们在拍卖场上会发现，经常参与竞拍的人士当中，有相当一部分是熟面孔。这给人一种错觉，让人以为古籍自从近些年恢复市场交易之后，一直属于小众品种，参与者较少。其实不然，这些熟面孔一旦走出场外，每个人身边都会有若干热衷古籍的外围人士。熟面孔当中，相当一部分是以这些外围人士代理人的实际身份进入拍卖场的。

无论是自己操刀收藏的，还是委托他人的，现在都越来越呈现出明显的专题化特点。我接触的这类藏家，所涉及的不下志书、家谱、医书、印谱、红色文献、地方文献、明版、清内府、木雕版、佛经、道家典籍、基督教、某历史名人、某出版机构、某历史事件相关等几十种专题。

专题收藏是一件好事，可以为自己研究或者总体转让之后的他人研究，打下良好的史料文献基础。这本身也是收藏的社会意义之所在。因为专，所以深，这类机构在选择藏品时，往往比较挑剔，宁缺毋滥，精品意识比较强。同时，对价格行情非常了解。但是，一旦遇到稀有珍贵的所需藏品，又往往是舍得资金付出的。

——各具特色的个人藏家。

但凡入行有些年头的资深个人藏家，深知“伤其十指不如断其一指”的“武功秘籍”，自然就会走特色专藏的路子。这也是最具有大众化特点的一个群体。只是，财力不甚雄厚的个人藏家，往往在价格上斤斤计较，“以藏养藏”是一种不得已而为之的选择。

所谓“以藏养藏”，本意是剔除一部分藏品，用于兑现周转。在实际操作中，往往变了味，不过是把专题所需的藏品，按个人喜好程度，分为若干等级，先卖掉较低等级、再卖次低的等级罢了。忍痛割爱而已，个中滋味，当事人自有体会。如此递进，对自己步步紧逼，一旦发现更好的藏品，就会逐渐变卖较高等级的藏品。

这类藏家，数量比例较大，但购买力不是很强。遇到优质藏品，也只能出到中等的价位。面对普通的藏品，他们一般会尝试数种方法，要求卖方价格一降再降。但是，如果卖方的价位足够低，他们有可能买走较多的藏品，带回家以备“以藏养藏”。

古籍收藏和其他古董收藏门类一样，都有一个金字塔行业结构。“古董小白”交点“学费”，滋养了行内人士。小藏家滋养着中藏家，中藏家滋养着大藏家。

想要晋级，需要拼勤快，拼用心，拼眼力，拼前瞻性，拼财力，拼人品。

以古籍界为观察样本，我个人总结了古董收藏和投资的四句话，供大家参考：小胜靠运气，中胜靠眼力，大胜靠财力，常胜靠人品。

小胜靠运气——已经有点基础知识，能够独立地捡个小漏之类。

中胜靠眼力——对行业有了广泛深入的了解，鉴别力达到了一定水平，这个时候已经不是捡漏的概念，而是在平淡中发现新奇，于常规中拣选出价值，建立了对市场判断的前瞻性。

大胜靠财力——也许眼力并不是最好，但是当绝佳的收藏或投资机会摆在面前时，能够立刻拿得出钱，拿得回东西，这机会才是自己的。这么说显得世俗，然而事实就是如此。

常胜靠人品——古董圈子，有藏家、有商家、有学者，身段高时似儒，身段低时如丐，弹性非常之大。一入此门深似海，谈价论价，上家下家，有时的确做不到句句为真，圈里人互相理解，不该问的也不会多问。可是，总有极少的人士，会把戏演过了头，连规则底线都丢掉了，结果就是慢慢淡出圈子。

2. 使用者。

这里说的使用者，是指那些把某种古籍首先作为一种“必需品”，其次作为“书”来看待和使用的人士。

我们举三个例子：佛经使用者，家谱使用者，社交使用者。

——佛经使用者。

近几年来，佛经的拍卖成交比较好，尤其是年代久远的或者近代全本的佛经成交则更好。原因是什么呢？据观察，近些年来，佛教徒的数量较有增加，其中不乏一些具有较强财力的居家信众。这些信众，不但自己有供奉佛经的需求，而且出于信仰的需要，还着力地捐助建设寺院。但是寺院建好之后，没有佛经就没有精神内核，所以，请购、收藏、供奉佛经的需求，就这样呈现出来。

在市面上，包罗万象、部册浩繁的各种大藏经，是极少见的。2018 年 5 月 18 日，经由天津市文物部门核准，荣宝斋（桂林）拍卖公司借助天津荣宝斋美术馆，举办了一场古籍文物拍卖会。由于桂林周边从事古籍收藏的买家比北方少，荣宝斋就选择了买家云集的天津来举行这场活动。这是具有 300 多年历史的老牌艺术品经营者荣宝斋举办的第一场古籍文物拍卖会。共计 171 函 1216 部 1252 册 5053 卷的《黄檗藏》，在这场拍卖会上呈现并以 130 万元的落槌价成交。当前古籍拍卖市场上，中大拍的标的成交价多在 10 万元以下，中小拍的成交价多在 5 万元以下。古籍的单一拍卖标的若成交超过百万元，即便在行情高涨时期，也是较为罕见的。因此有业内人士称之为《大藏经》交易的标杆。天津美术网在报道中则称之为“中国古籍文献拍卖界迄今最大规模的雕版古籍”。

这样一个“最大规模”的雕版佛经，虽然包含了 1216 部全本的单种佛经，但是，作为一部《大藏经》，其实它并不是全部，只占到了全部的百分之七八十。当然，作为佛教经典的汇集，某一种大藏经的雕刻会历时很久，甚至跨越不同的朝代，历经几代僧众，一边刻一边刷，才可完工。由于历时太久，对于所含经卷的著录会有遗漏，甚至不排除在宣布完成之后，又会有新的补刻，因此，评论一部《大藏经》是否全部，本就是一个难以精确的概念。

中国人做事，有求全的心理。既然全本的《大藏经》是请购不到的，而构成《大藏经》的是一部一部、一本一本的单种佛经的全本，这个就是可以请购的了。如果年代足够久远，连单种全本的佛经也请购不到了，那么残本也可以彰显信众的尊重。这些信众的请购能力，支撑起了这些年佛经古籍的行情。

——家谱使用者。

关于历史的记载，如果不说体例，仅按其范围大小来分：二十四史之类，是记录一国一朝的；通志县志山志，是记录一个区域的；家谱是记录一个家族的；墓志、行状、年谱，是记录一个人的。

家谱的关注者本不多，除非本家或专门的研究者。长期以来，家谱都是古籍门类中的低价品种。但是，近年情况有变化。名人家谱、特色家谱、大姓家谱等，均有了越来越多的关注者，还有人在悄悄地筹划建设家谱博物馆。

家谱所载的本家本支人士，对自己的家谱有两种态度。一种是，如果寻到了自己祖上修纂的家谱，那是必须要买到手的。家谱在，仿佛先祖的精神就在，这是中国人的一种传统的祖先信仰，也是一种宗亲文化的传承。还有一种，是为了修纂家谱而持有本家本支的老版本家谱，一旦修纂完成，就把老版的家谱进行出售。有时候，古籍投资者带上某姓家谱找到本家，意图获取较高价格的兑现，结果一问，本家不要，有可能就是遇到了这种情形。

说到家谱，有两个相关的话题可以顺带呈现。

我祖籍山东，经眼的北方家谱相对多一些。在今天京津、河北、山东等北方地区的家谱上，有两种记载非常雷同。

一种是，宣称自己的先祖是明永乐年间，自山西洪洞县迁来本地云云。

另一种是，宣称自己是某某历史名人的后裔，甚至是直系后裔。家谱上一般会记载，甚至把名人先祖的生活年代上溯到春秋战国时期。

关于第一种，称洪洞县为祖籍地，基本属于先民口口相传的误解。

史载，元末战乱频仍，北方人口有较大的消减，明初洪武年间就有多次迁民活动。朱元璋死后，帝位传孙不传子，朱棣为夺取政权，发动靖难之役，主战场即在京之南、淮之北地区，兼之野史相传，其在登上皇位之后，曾发动针对北方民众的屠杀，即所谓“燕王扫北”。虽然“燕王扫北”一事缺乏正史根据（明代本朝史官当然不敢记载），但北方人口在战乱时期锐减当为事实。这是永乐年间历次移民充实京畿地区的背景。而山西洪洞县大槐树，只是待迁之民临时的聚散点。这一临时聚散点，在今京津、山东、河北地区诸多家谱的记载中，被描述成了祖籍地。早些年，我本人也曾经到山西洪洞县寻祖，当地相关部门热情接待，然后坦诚相告，北方来洪洞县寻祖的人太多了，他们也只是做个登记，被动地等待山西等迁出地的先民的子孙，来洪洞县联系续谱时，才能极其偶尔地对接上双方的信息。由于历史久远，复原这种历史信息的概率是微乎其微的。

关于第二种，称自己先祖是某某历史名人的记载，单纯从基因传递的角度看（请注意这里说的是基因传递，没有否定文化传承），对于这种标榜，应当区分不同的情形：有的是确有其事，有的是牵强附会，有的纯属无稽之谈。原因有二：

一是，明清以来，民间存在杜撰祖先、光耀门楣的情形。还有为他人杜撰祖先而作为生计者，甚至这些家谱序言的代写者，专门有自己的范本，张家来了改成张氏，王家来了改成王氏，要写地域所出，就搬出山西洪洞县，要写名人先祖，找个历史久远的同姓名人写上便是。双方一拍即合，心知肚明，各取所需，愿打愿挨。不仅如此，有的外乡人初到某地，为了获得当地望族的认同，甚至宣称是早年走失、今天来认祖归宗、要求加入某姓某族的，这也绝不鲜见。所以，我们所见的家谱，经常有注明本册的编号、属哪房哪支保管、保管人是谁。这些防伪信息，就是为了防止家谱流入外人之手、被用于冒名顶替。至于为了逃避战乱或政治风险而悄然更改姓氏的，历史上也大有人在，并且，这种情形，一般是不会记录在家谱上的。

凡是家谱中宣称“祖籍洪洞”和“远古名人后裔”的，基本不太有采信价值。那些没有宣称祖籍地是洪洞的，以及把先祖仅仅上溯到明清时期的，十几代之内的先祖记载，可信度反而很高。凡是列举祖先为宋元及以前的人士，当故事听听就好。

在中国历史上，除了山东孔孟谱系、吴越钱氏谱系之外，能把先祖信息详细记载几十代的姓氏，实不多见。我曾经在孔子故里、山东曲阜读过四年书，听当地的学者讲述，即便是孔氏家族，由于年代久远，代际传递中间是否出现过异常情况，根本无法确切了解。

若说有价值，也是在人类学、民族学、社会学的意义上，进行某个族群的基因数据的检测、统计和考证，而不是建立某一个现代人和某一个年代久远的历史人物的单线联系。

二是，按照数学上的统计，我这里有一个结论：在生物学意义上，几百年前中国土地上生活着的每一个人，无论是名人还是非名人，几乎所有（毕竟有特殊的例外），都是当今中国人的直系祖先。所谓“直系祖先”，就是在生物学的意义上，而不仅仅是民族或文化传承的意义上。

我们用一个很初级的方法、做一道“简单机械”的算术题，看看是不是这样——

我们假定，平均每隔 20 年就有一代人诞生。战乱、贫穷、晚婚等因素，会使代际更迭慢于这个速度。

当一个人出生时，给他（她）提供生命信息的有两个人，即父亲、母亲，他们在此前 20 年已经出生了。

进而上溯，40 年前，给他（她）提供更上一级生命信息的四个人，即祖父、祖母、外祖父、外祖母已经出生了。

依此类推，我们得到如下表所示的数据。

上溯直系祖先的年代和人数对应表

时间点	出生者	人数（人）
20 年前	父母	2
40 年前	祖父母辈	4
60 年前	上溯第 3 代直系祖先	8
80 年前	上溯第 4 代直系祖先	16

续表

时间点	出生者	人数（人）
100 年前	上溯第 5 代直系祖先	32
120 年前	上溯第 6 代直系祖先	64
140 年前	上溯第 7 代直系祖先	128
160 年前	上溯第 8 代直系祖先	256
180 年前	上溯第 9 代直系祖先	512
200 年前	上溯第 10 代直系祖先	1024
220 年前	上溯第 11 代直系祖先	2048
240 年前	上溯第 12 代直系祖先	4096
260 年前	上溯第 13 代直系祖先	8192
280 年前	上溯第 14 代直系祖先	16384
300 年前	上溯第 15 代直系祖先	32768
320 年前	上溯第 16 代直系祖先	65536
340 年前	上溯第 17 代直系祖先	131072
360 年前	上溯第 18 代直系祖先	262144
380 年前	上溯第 19 代直系祖先	524288
400 年前	上溯第 20 代直系祖先	1048576
420 年前	上溯第 21 代直系祖先	2097152
440 年前	上溯第 22 代直系祖先	4194304
460 年前	上溯第 23 代直系祖先	8388608
480 年前	上溯第 24 代直系祖先	16777216
500 年前	上溯第 25 代直系祖先	33554432
520 年前	上溯第 26 代直系祖先	67108864
540 年前	上溯第 27 代直系祖先	134217728
560 年前	上溯第 28 代直系祖先	268435456
580 年前	上溯第 29 代直系祖先	536870912
……	……	……

这只是一个理论上的粗略统计。为了计算的方便，忽略了数字以外更复杂的情况，比如民族迁徙，国内外各民族的通婚，比如战争和瘟疫等原因导致人口锐减，等等。

但是，作为大的数字概念，从理论上来讲，仅仅580年前，我们每个人的直系祖先超过5亿人！那是明朝时期。

关于明代的人口数据，不同的中外学者给出的判断差异较大，大致在几千万。万历时期的人口峰值，最多的判断也不过2亿人。经过明末清初的战争与自然灾害，清初的人口已经锐减。

既然几百年前的那些人，几乎都是我们的直系祖先，为什么中国人还热衷于续写家谱，仿佛自己的每一代直系祖先都只有区区两个人？

对家谱的热衷，原因有如下几点。

一是历代皇帝鼓励这样写家谱。家庭的稳定和延续，是国家稳定和持续的基础，皇帝希望每个人能把在家族延续中传承的孝道，延伸为对皇帝的忠诚。

二是聚合家族感情、强化家族团结互助的需要。中国传统上仍是一个“孩子主要随父姓”的社会。

三是文化传承的需要。传统上，在西方，文化传承靠教会。在中国，文化传承主要靠家族。晚清和民国以后才出现现代意义上的学校。

四是出于朴素的人生思考，每个人都想知道自己的生命是从哪里传递过来的。历代的个人，都喜欢清晰地看到基因传递到自身的历史脉络。

可以发现，以上几个因素，在当今中国，一个也没有发生改变。尤其是后三个因素，全都指向个人需求。

正因为如此，虽然有些家谱，特别强调某位历史久远的名人是自己的祖先，这要么没有事实根据，要么没想过如上所述的数字统计，但是，就精神传承而言，这种家谱的描述方式，又是有特定意义的。它稳固了中国的传统文化，奠定了中国式的社会秩序基础。

这里有一种延伸的建议：可用更灵活、更个性化的形式，以及更完善的内容和功能，把“传统家谱”丰富为“现代家史”。作为这份家史的主体部分，有很大的发挥空间。

可以简单地记录，也可以抒写家庭的奋斗史、情感史、育儿史、养老史。

可以写得严肃而正经，也可以写得轻松幽默。

可以总结经验，也可以规划未来。

可以写在实物笔记本上，也可以写在电脑里。

可以写一份，也可以分门别类，比如关于老人、自己、配偶、孩子、宠物、工作、兴趣等。

如果你鼓励家族成员一起做这项工作，并在一年的固定时点，由每个人提供一份简单的大事记，那就可以整理成一份家族的年度档案了。

就你个人而言，可以以此来调适当下的生活，让自己不至于在忙碌中失去方向感。

还可能有其他的收获。比如，你可以为了这件事，去调查你的祖辈，或者曾祖辈，请他们介绍一下幼年时期所了解的家族史。可以因此知道，你在近代有过一些什么样的个性鲜明、业绩卓著的祖先，如果他们的某些基因比较顽固，可能恰恰成了你本人性格中某些重要特征的来源。如果你愿意继续观察，在你的近亲中，可能也有着类似的性格特征或思维模式。这不但有助于你规避自己心理模式中不好的方面和彰显好的方面，还可以增强你对诸多亲友的了解，改善和他们的关系。

如果把这个习惯传递下去，不但在我们老年时，可以翻阅这些珍贵的记忆，更有可能在若干年后，成为家族后人回溯历史，或者进行某些社会学研究的史料[①]。

---

①本篇“家谱使用者”一节的有些内容，原载于本书作者2012年在机械工业出版社出版的书籍《除了赚钱，你还可以做什么》。此处使用时做了大量改动。因属自我引用，改动之处又太多，为避免注释太多造成阅读障碍，在此一并注明。

——社交使用者。

有一些买家，把古籍买到手，自己并不详细阅读。他们只是为了社交所需。尽管这种用途听起来有点奇怪，但是，它合理地存在。

把古籍用于社交，有不同情形，一是馈赠亲友；二是居家摆设，但目的也是向来访者展示交流。

社交型消费者选择古籍，形式大于内容，甚至价格也大于内容。

买家会进行社交目的分类，然后为不同的社交目的准备不同类型的古籍。比起传统的馈赠品种，古籍自然要高雅得多，显得有文化内涵，这是人们消费升级、社交手段升级的结果。

如果用于日常的亲友交往，买家会准备总体价位不太高的，比如晚清的四书五经类的刻本，民国的排印本、石印本。形式上，要求品相比较好、全本、有明确的牌记，这样可以轻易地向行外的亲友展示它的年份和美观，以便亲友快速地捕捉和理解主人想要表达的有用信息。从目前来讲，一套晚清的四书五经类刻本，2000 元之内基本可以买到。民国的品佳全本的排印、石印本，如四部丛刊本、四部备要本，基本上单册 200 元左右可以买到。亲友间的日常交往是频繁的，虽然不可能人人赠一套，但与其中较有文化内涵的亲友互动时，难免慷慨相赠。虽然无法确切地统计数据，但凭经验判断，市场上的这类书，有相当一部分最终会被社交型买家买走。这些书的存世量也比较大，买家可能会买得较多，但不会出很高的价钱。这是这一类书始终不会大跌也不会大涨的原因。

如果用于馈赠较有身份、有经济实力的朋友，比如重要的生意伙伴，上述品类就明显不合适了。这种情形，对方会格外重视主人所赠古籍的市场价格。这是什么概念呢？是一种身份的认同和尊重。如果对方是身家过亿的生意伙伴，若要馈赠，一般有两种选择：一是赠送稀见、有特殊价值的珍本、孤本，没有相应的市场成交价作比较，又能以书的珍稀来衬托友人的尊贵，即便这种书可能只有一册两册，不太显眼，但配上精美的书函，也是便于展示的。友人拿到手，以后再向其他友人展示或转赠时，也方便进行介绍。还有一种选择，就是价格昂贵的品种，比如清武英殿本、出身宫廷，比如宋元版、年代久远，比如可靠的名家旧藏、有前贤的故事可讲。总之，要么少见，要么昂贵，是这一类社交目的的标配。

如果馈赠特殊的友人。比如女性朋友，她爱养花，也许民国同期日本的精美插花本会适合她；她爱养猫，也许极度稀见的《猫乘》会适合她。《猫乘》只有一册，也不太厚，却有上万元的成交价，在单册全的古籍中算是贵的。

我之所以介绍这一类购买者，是因为这是市场的实际存在。对市场了解得越真实，就越能做出正确的判断。

3. 投资者。

投资者是最重视利益回报的买家群体，可以与上述任何一类买家有重合。

他们也是对行情把握最到位、最深刻的一类买家。为此，他们必须要求自己，尽可能深刻地了解古籍的内在价值。否则，即使投资偶尔成功，也未必可以持续。

据我观察，进到古董行的人，对待捡漏的态度，大致分三个阶段：

第一阶段，特别想捡漏，梦想捡大漏，一举成功。往往因为贪小便宜吃大亏。

第二阶段，感觉市场上没什么漏可以捡，好东西自然有好价，带着捡漏的心态经营古董，总是买不到心仪的东西。这个阶段，喜欢高价买好货，设法更高价卖出。比起第一阶段，因为经验增加了，客户也增加了，基于这样的思路，确实会获得更好的收入。但是，付出也多。

第三阶段，此时才发现，在古董行里存活，到底还是靠捡漏。只不过，这个时候，对“漏”的理解，已经和前两个阶段不一样了。

据我的观察和了解，很多人在古董市场中存活下来，是从什么时候不交“学费”、开始盈利的呢？就是从再也不听信任何人的建议，完全靠自己独立判断开始的！

别人的方法永远是别人的，在实践中找到适合自己的方法，才是第一位的商场存活之道。

不禁想起北京一位著名的红色收藏家。有一次，这位老先生谈起当今古籍界的某著名收藏家：“论东西的市场价值，我比不过人家。人家入手早，本来就有实力，我是以藏养藏。可是，要论回报率，我的回报率都在几倍，甚至几十倍，可以说非常欣慰。”

这位老先生是非常可爱的人。他找到了在古董行里快乐的秘密。

那么，怎么理解这个“漏”，才对提高回报率较有帮助呢？

全世界的投资方法，说到底都是一条：低买高卖（有时候会表现为先高卖后低买）。

无论是单枪匹马从事纯粹的投资，还是招兵买马做制造业、服务业，都是把钱撒出去，把投资标的或者生产要素买回来，然后再把投资标的、产品或者服务卖出去。至于通过工作来赚取薪资，本质上仍是先通过时间和资金投入提升自身，再通过工作兑现为收入，这里面，低买高卖的“标的物”是自身的专业能力。

如此种种，总收入减去总成本，这是利润。

本书认为，一切低买高卖的行为，相对于没有实施这种行为的人，本质上都是捡漏！

无非，有时候，捡的是多数人知道的“明漏”；有时候，捡的是靠前瞻性和独特判断力得来的“暗漏”而已。

4. 研究者（包括单纯的阅读者）。

研究者也可以同时是收藏者、使用者、投资者。只是我们在描述时，姑且只关注他的研究者身份。研究者购书，格外强调其文献价值，包括其版本、史料等。如我们已经论述过的，这也正是古籍所具有的独特的内在价值。

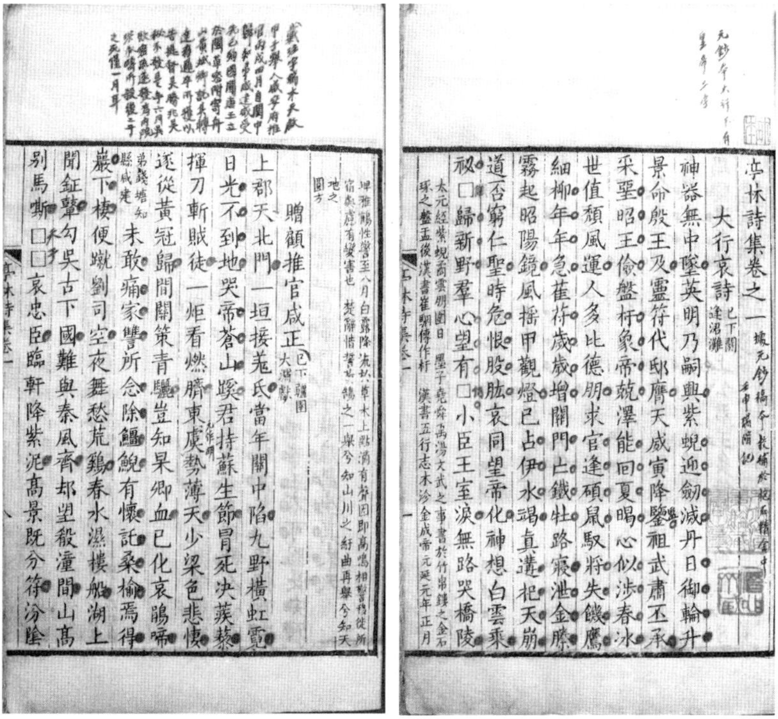

◎相关呈现

亭林诗集五卷

清早期写刻本，一函两册，竹纸，27.4 厘米 ×17 厘米，钤印“不夜汤景麟藏书之章”“潜心斋藏”，封面钤“介庵”“唐明第印”，并有墨笔“壬申介庵手校”字样。为《顾亭林先生遗书》之一种，乾隆间军机处奏准抽毁书目称此书中《亭林诗集》“有偏谬词句应行销毁”，《清代禁书总述》亦有著录。故此书存世无多。

卷一首有小跋“据元钞稿本校补于抱石精舍中，壬申瑞阶记”，卷末又有小跋“壬申除夕日用戴子高藏潘次耕手抄原本复校，聊代守岁而已，瑞阶又记”。

全书朱笔圈点，天头、行格间有大量朱墨笔批校，亦有浮签补诗。结合批校中大量“戴注”“元钞本”“元作”字样，并参照有关记载，综合判断，当为如下流传脉络：

顾炎武于康熙二十一年去世之后，其弟子潘耒即潘次耕，手

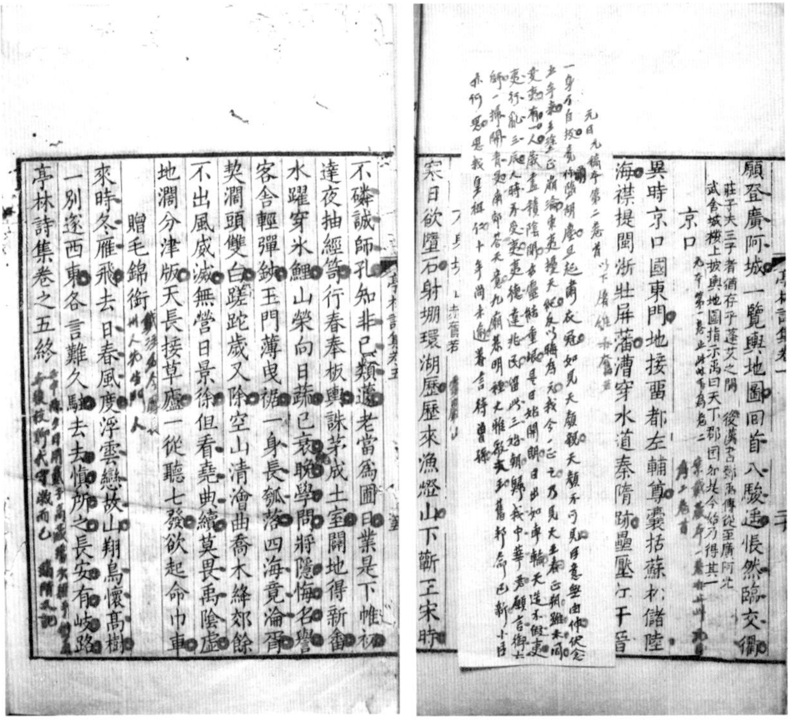

抄了顾氏生前已定的书稿，其中包括诗集五卷，并以此为基础，刊刻了《顾亭林先生遗书》，属丛书。或许为避免清代严厉的文化高压，在刊刻时，潘耒对顾氏原诗文进行了文字上的改动，以及删节，这使得，面世之本已经不完全是顾氏诗文的原貌。

此后，潘耒的原抄稿本（即跋文中所谓的“元钞稿本”）被晚清文士戴望即戴子高所得，戴氏在潘耒的原抄稿本之上，进行了批注。此本中所谓“戴注”即是。由此，潘耒的原抄稿本，成为“潘抄、戴注本”。

再后来，“潘抄、戴注本”又被“瑞阶”所得。从封面题字“壬申介庵手校”看，“介庵”和“瑞阶”当为同一人。从封面钤印看，“介庵”和“唐明弟印”两印风格完全一致，印泥老化程度也完全一致。所以，“唐明弟”和“瑞阶”“介庵”有极为密切的关联，抑或是同一人。“瑞阶”得到“潘抄、戴注本”之后，对此《亭林诗集五卷》进行了复校。复校的主要工作有两个：一是把戴子高批注的内容，从潘抄本上过录到了此《亭林诗集五卷》刻本上；二是对照“潘抄、戴注本”，把《亭林诗集五卷》刻

本缺失的内容进行了复原，比较长的缺失诗篇，则直接采用了浮签粘贴的形式。两个版本中不同的字句，给予了注明。而从字体看，浮签文字和天头、行格间的文字，均出自“瑞阶”一人之手。浮签所用纸质显白，但若细细观察，可见浮签文字的老化程度与天头、行格间文字是一致的。

此书最早出自德宝拍卖公司的2017年春拍，当时对此拍品的介绍，认为是名为“瑞阶”者以“元钞稿本”批校，又以戴子高藏潘次耕手抄原本复校。综合上述判断，我认为跋文中所说的“元钞稿本”和“戴子高藏潘次耕手抄本”，指的是同一个本子，即此“潘抄、戴注本”。也就是说，“瑞阶”手上可用于复校的本子，只有这一种，不存在第二种。

如今，“潘抄、戴注本”已不知所踪，而此“瑞阶据潘抄戴注复校本”则成为我们得见顾炎武诗集原貌的重要版本。此书满批满校，对研究顾炎武思想主张具有独特的版本价值。

另据钤印可知，此书曾为章太炎弟子汤炳正旧藏。汤炳正（1910—1998年），字景麟，语言学家、楚辞学专家。卷一第五个筒子页的前一面，天头处，有“炳按当作右甄”手写小校一则，当为汤炳正所写，是将《秋山》一诗中“石甄”校改为“右甄”。

综上所述，此《亭林诗集五卷》为“汤炳正旧藏、瑞阶据潘抄戴注复校本”。较有研究使用价值。

我与多家古籍拍卖行合作过。每家的优势各不相同，客户资源也有区别。经过比较，我认为征集和拍出史料类古籍，效果最好的是中国书店旗下的海王村拍卖公司。中国书店是新中国成立后最早开展古籍收购、鉴定和销售的经营者，且立足北京这样一个政治、文化中心，它较早地占领了知识阶层心目中“古籍搜求第一位”的品牌。中国书店1993年举办了第一场文献资料竞买会，这被视为改革开放后中国大陆古籍文献拍卖的先声。1998年，中国书店旗下的海王村拍卖公司成立，专门从事古籍拍卖。

在北京古籍拍卖业内，有一个很特别的现象：海王村拍卖公司的规模不是最大的，但是，古籍圈里的人观察行情变化，仍然习惯把海王村作为风向标来看。海王村哪一类拍品走低了，业界就会有觉察，哪一类拍品成交价高企了，业界也会相应地作出反应。

怎么看待这一现象？

书首先是用来读的，用来研究的，古籍就是书！既然如此，这些书的最终消费群体是谁？正是这些阅读者、研究者。最终端的消费群体需求，决定了古籍的价格，决定了哪些门类具有长久的市场支撑。市场的其他参与者，当然也会对成交价格产生各种各样的影响，有些时候，这种影响还挺大。但是，只有洞悉了最终消费群体的阅读和研究需求，才算是抓住市场变化的“牛鼻子”。

这是理解一种古籍内在价值大小的根本，也是理解它的成交价格高低的根本。

海王村拍卖公司，依托中国书店的品牌，从它专事古籍文献拍卖开始，中国书店的传统粉丝就直接跟了过来，这是一个庞大的研究者、阅读者群体。正是他们——这些终端消费者，向市场传递了最基础、最直接的需求变化信息。

当我们知道了，是谁在买古籍，他们各自的方法、风格是怎样的，就可以对这个市场有一个基础的把握。

面对不同的交易情境，就可以做出正确的反应，增加交易成功的概率，达成一个理想的成交价格。

第三个影响要素：渠道
——不同的渠道，不同的价格

1. 公开拍卖渠道。

笼统地说，拍卖场的成交价会比场外更高或更低，没有太大的意义。实际情况是，有时候，场内的成交价更高，有时候，会更低。

目前，每年持续举办古籍专场的拍卖公司，有十多家。

举办次数少的，如保利，征集时间较长，每年只有春秋两场大拍，但是标的数量较多，质量较高。举办次数多的，如海王村，资历深厚，拍品数量相对丰富，能够做到每年六场，两大四小。

更多的公司，则是每年三到四场，这样的工作节奏，已经比较紧凑了。传统拍卖公司古籍专场的核心工作人员，一般是寥寥几人，征集、撰写鉴定提要、拍照、做图录、送审、现场组织、催款、结算，在任何一个环节，都需要和大量客户频繁沟通，工作强度是比较大的，而能拿到手的佣金，只有买方的13%左右、卖方的6%—8%，以及标准不等、收取方式各不相同的图录费。这还不包括，有些竞买人可能长达数月甚至半年以上的付款拖延，以及有些老客户、大客户在佣金方面的压低，甚至要求不收取图录费。总体来说，做传统拍卖，是一件非常辛苦的事。兼之，古籍虽然在历史上长期占据古董收藏的头把交椅，珍本佳刊的价格都在同期其他门类之上，但是20多年来，古籍交易还没显示出史上的辉煌，总体上，一直是绝对价格比较低的门类。许多中小拍卖公司，缺乏积累客户的耐心，做个两三场，发现成交额达不到预期甚至营业收入几乎不能覆盖成本、浅尝辄止就停拍古籍的，数量实在是不少。

这样看来，那些多年来持续做古籍专场的拍卖行，有着令人尊敬的专注。客户不断地聚集到这些公司周围，以信任擦亮它们的招牌，以委托和竞拍来表达支持，是对这种专注的奖赏和回报。

古籍，以及古籍圈人士的地域分布，遍布全国各地。一般来说，南方较少、北方较多，西部较少、东部较多，边疆较少、中原较多。一个原因是，南方水汽大，古籍容易受潮，不易保存。另一个原因是，北方长期承载着中国政治文化的中心，古籍文献留存本来就多。长三角因经济上一贯富庶，尤其近代以来，以上海为代表，受西方影响相对较大，思想文化界相对活跃，相应的文献留存也较多。福建、两广、云贵及其他边疆诸地，相对较少。凡古籍文献资源丰富的，藏家自然就多，反之就少。

影响古籍成交价格的市场要素

收购主体的影响		
	收藏者	综合型公立馆藏机构
		专题型私家藏书机构
		各具特色的个人藏家等
	使用者	佛经使用者
		家谱使用者
		社交使用者等
	投资者	可与其他主体重合
	研究者	包括单纯的阅读者

转让渠道的影响	
	拍卖场内 竞拍交易
	拍卖场外 现场协商
	网络渠道

自身状况的影响	
稀缺性、实用性等内在因素 （以史料类古籍为代表）	欣赏性等外在因素 （含纸墨、雕工、年份、品相等）

与藏家的多少相对应，能推出古籍专场的拍卖公司，也主要集中于长三角、京津和山东，以北京为最多。其中，山东是比较奇怪的地方。它既不是北京那样的政治文化中心——影响力可以辐射河北、天津，也不是上海那样的经济中心——影响力可以辐射长三角。在地理位置上，山东有点南北不靠。可是，古籍收藏和投资，山东人民有着独特的影响力。无论南方还是北方的拍卖行征集，山东都是必争之地。在古籍拍卖业界，能与京津和长三角相提并论的，恐怕只有山东。虽然在重量级上，山东都是中小拍，但是能坚持多年，在藏家和投资者心中占有一席之地，已然难能可贵。

以中国北方的古董集散地山东德州为中心，放眼四周，东面的济南、青岛、潍坊等地，西面的太原、石家庄、衡水等地，西南面的聊城等地，都有较多的古籍遗存和悠久的藏书传统。尤其是清代书坊遍布、著名藏书楼海源阁所在的聊城，北京琉璃厂书坊老板们的故乡河北衡水，都大大地滋养了山东的古籍藏家和投资者。到山东参加古籍淘宝的人士，以山东、河北为主，北京、天津、山西、河南、安徽等地都有较多，更远一点的东北、长三角、陕西等地也有部分人士前来。至于岭南、西南、西北地区的圈内人士，到山东的就非常少了。

每年的古籍拍卖专场，总计有几十场，平均每个月有五场以上可供藏研人士和投资者选择，实在是嗜书群体的幸事、乐事与盛事。

一般来说，那些稀见、实用性强的品种，会拍出比场外更理想的高价。这是卖家乐见的情形，但不意味着买家是吃亏的。很多情况下，作为收藏者、研究者或投资者的买家，花了钱也高兴。

在拍场上买东西比在场外有更高的集约化效率，可以节约出大量的时间和隐性成本。

单纯从某一种拍品看，也许买家在场外会遇上更理想、更低的购买价格，但是，为了找到这样一种更低价格的东西，买家可能要付出大量的时间、心力、交通食宿费用。总体算下来，无论是时间精力上还是资金投入上，反而是不划算、不经济的。

不仅如此，在征集期间，为了提高拍品吸引力和成交率，拍卖行会在精选拍品和价格协商方面，去做大量的前期工作。这样做的结果是增加了拍卖现场竞争的激烈程度，最终成交价可能会高一些，但是，比起买家花费大量的时间和成本也未必一下子找到这么多优质的拍品，在拍卖行参拍仍然是一个更优的选择。

如果因此就说，在拍场上买东西，一定会多花钱，那又是不切合实际的。

只要肯下功夫，每一场拍卖会都有漏可捡！

造成拍卖会上有漏可捡的原因很多：

比如，拍卖的工作程序比较烦琐，而核心的工作人员又非常少。他们工作的自然疏漏，就是买家的购买机会。

相对于其他行业，拍卖行的古籍业务核心团队是比较稳定的。这个行业，凭的是眼力和经验，是对东西的综合判断能力，而这种能力，主要从实践中来。如果经眼、经手的东西没有达到一定的量，历史知识的积累没有达到一定的量，判断的高准确度是实现不了的。单纯去看鉴定的书、视频课程，用处不大。另一个原因是客户对征集人员的信任度积累，也需要较长时间。一般来说，即使征集人员有新增，客户也不会马上认可。

所以，拍卖公司的古籍业务核心人员，不是短时间内可以充实上来的，拍卖行也不允许频繁的人员增加。

在这种情形下，如果委托人送拍时间较早，征集人员（一般同时也是鉴定提要的撰写人员）可以较为详细地对拍品进行文字描述。但是，总有一些委托人，为了减少周转时间，或其他原因所致，会在即将截止征集时，才仓促地把拍品送到。这个时候，工作人员已经开始为后期忙碌了，那么，对拍品的文字描述就会相对简洁。晚送的拍品就可能成为竞拍现场的漏网之鱼。

再比如，拍卖现场的偶然因素。

我个人的体会，在拍场的三个时段买东西，买家相对容易获得理想的价格：开场，午后，拍卖即将结束时。

甫一开场，拍卖师和买家还没有完全进入状态，正在适应期。有一些买家，还没有赶到，或者仍在场外查阅实物，现场气氛还没有到热烈期，绝大部分买家喜欢在开场先保持观望。根据经验，一场拍卖会，竞拍的总体激烈程度，在开场半小时内几乎定局。老买家们的开场观望，基本就是捕捉这一态势，以决定自己的本场举牌策略。那么，开场的几十个标的，参与者会相对较少。

开场后半小时，到午饭之前，本场态势已基本明确，拍卖师和买家的状态都在较好的时段。这期间，成交率和成交价往往会比较高。

一般的古籍拍卖会，中午会提供简餐。古籍总体的绝对价格尚不高。价格的亲民，也导致了买家群体比较大众化。目前，亿万富豪或其代理人坐镇古籍拍场的情况，不是没有，但是比较少。他们要么不了解古籍，要么嫌古籍市场盘子小，接盘的实力买家还不多，不够他们大资金翻云覆雨的。经常出现于古籍拍场的，多是投资者、持中小资金的私人藏家、馆藏机构工作人员、研究型买家。放眼望去，不是熟人也是熟面孔。为了保持竞买气氛不会出现太明显的中断，也避免部分买家在外出午餐之后不再返场，拍卖公司乐得把简易午餐直接送到现场，给大家半小时的时间，在座位上解决吃饭问题。我只关注古籍文献，不了解字画、瓷器等其他拍卖大项的午餐情形。单就古籍拍场来说，就餐现场俨然集体食堂，食客们有时候抢饭如抢书，竞争情绪保持得还好。多年以后回顾今日拍场，作为花絮闲谈，午餐也是可以写写的。饭饱水足之后，买家们开始犯困，精神懈怠。这个时候，意志相对坚定、头脑相对清醒的买家，就要伺机捡漏了。有一些心仪的标的，确实是在下午两三点钟以理想价格买到手的。

拍场临近结束时，有几十个标的也可以作为重点关注对象。

拍卖行在为拍品排序时，会把相对不太重要、有价格吸引力的标的，放在开场部分，供拍卖师和买家们热身，以便过渡到较好的竞拍状态。

在开场后半小时到午餐前，会安排相对重要的拍品。如上所述，这个时段买家的状态最好。按照中国传统的医学理论，这也是人体阳气升腾之时。

午餐后，下午一开场，买家状态有点疲惫，拍卖行会安排中等性价比的板块。

在下午的中段时间，又会安排一些性价比较高同时也相对重要的拍品，从而形成下午的一个成交小高潮，刺激买家的情绪。

不管安排多么用心、巧妙，到拍卖会临近结束，人数一定会锐减。有些实力较强、重视精品的买家，在参与了上午和下午的两个小高潮之后，大多会选择离场。甚至有些只参与上午的竞拍，这部分买家往往首先考虑东西本身，对价格并不敏感，他们会置简易午餐于不顾，结算提货，提前离开。再加上一部分想节约当天住宿费，或者到别的城市赶其他拍卖场次的买家，明知末尾阶段有漏可捡，还是会带着一天的疲惫提前离开，继续下一个行程。这样，到一场拍卖会临近结束，竞争激烈程度已经大大减弱，是全场气氛最温馨、最和睦的时候。

这是古籍拍场的第三个捡漏时段。

当然，以时间段来确定何时出手，只是相对而言，并不绝对。毕竟拍卖行对拍品的排序，仅仅代表他们的主观判断。这种判断和买家的判断，很可能是不一致的。而且，一种方法，一旦人人都执行了，效果就会大打折扣。

除此之外，影响拍卖场成交价格的因素，复杂多样，偶然性也很多。

出价技巧、标的选择、与拍卖师的有效互动、不同拍卖公司的环境差异，乃至拍卖当天的天气、交通、节假日等因素，都有可能影响最终成交价。这些方面，与买家对这个行业的熟知程度有关，与买家的个性特点有关，在此不做一一表述。

逆向思维，捕捉最新的市场变化，找到适合自己的个性化方法。这是买卖技巧的活的灵魂。

2. 场外转让渠道。

即拍卖场之外的现场转让。包括藏家的私人场所等。

新的渠道兴起，主要是以孔夫子旧书网为代表的传统网站，以及“互联网 + 中华文明”思路之下基于微信等新兴网络社交平台的崛起，极大影响了古籍的转让方式。

由于极度便捷，使交易摆脱了时间和空间的限制，后者对现场交易的影响更大、更彻底。乃至业界有人推测，包括古籍在内的各种古董交易，无论是拍卖形式还是磋商形式，网络交易都会给现场交易带来革命性的影响，将会导致现场交易量和交易额的锐减，甚至衰亡。

这样的判断，过于悲观了。从现实看，网络购物的兴盛，对各行各业的交易业态都产生了空前的影响，但是，仍然有大量的实体店铺在对接消费者的生活，仍然有大量的消费者热衷于现场购物的体验。传统商品领域尚且如此，实在是没有必要对古籍等特殊商品的现场交易太过悲观。

在可预见的未来，现场渠道仍将是古籍等古董交易的首要选项。

经常游走在拍卖场、交流会的古籍藏家比较清楚，绝大部分数量和额度的交易，仍然是通过现场拍卖和场外面谈来完成的。有许多传统拍卖公司成规模的网拍，也是先举行现场预展，然后进行网拍，或者以网拍和电话委托作为现场拍卖的辅助。

古籍等古董门类有其特殊性，不应该且不可能全行业、全链条地依靠网络。大致有几个原因：

——相对于普通商品，它们价格昂贵，网络交易仍有一定的不安全因素。

——藏家被这一行所吸引，乃至成瘾成痴，多半是沉迷于一种实物把玩的愉悦感、众里寻她的成就感、真品传承的使命感、人不知而我知的满足感。一个星期不到现场会很想，一个月不到现场可能会亚健康，半年不到现场可能会难以忍受。这并不夸张。

——不能批量生产，不存在标准化。即便是同一个品类，比如同一部古籍，经由不同的历史传承链条，就会造成诸多差异。这些差异处，形成了每一部书不同的价格。要详细了解每一种的差异，单靠照片是远远不够的。对任何古董旧物的真伪辨别、高下区分，见实物是不可替代的。多么完美的图片视频，也替代不了触觉、视觉、嗅觉、听觉所形成的人脑模糊处理。据说，古董鉴定是为数不多的未来不会被人工智能替代的职业之一。

凡是号称不上手、不见实物就能够“百病百治”的“鉴定大师”，皆不可信！经手、经眼实物，是本行业者的基本功和必然选项。

所谓“古籍无假货”，也是相对而言，它的赝品极少，但并非一点“锦上添花”的手段都没有。现场查阅实物，可以有效提高鉴定的准确度。

——对于交易双方来说，现场交流可以最大限度地避免争议。

——现场交易是一种与圈里人沟通信息、互通有无、叙旧谈事的机会。

——中高端藏品，有现场这个环节，几乎更是必然。无论是买方，还是卖方，在网络渠道上，主要是交易一些中低价位的品种。即便有昂贵的品种上网，也只是一种展示，具体的经手、交易环节，仍然会通过现场进行。

场外交易和场内交易的最大不同，在于场内交易是针对不特定的交易对象。

甚至在拍卖成交后，卖家并不知晓且不需要知晓买家的详细信息，比如来自何处、个人实力、购买用途、个人交易风格等。拍卖公司作为交易中介，通过巡回展出和定点预展，把重点拍品向特定买家推介，提前捕捉购买意向，同样，这些信息不必让卖方了解。

比较而言，在场外交易中，买卖双方能否在合法范围内，尽可能多地了解对方的相关信息，这对于能否成交，以及成交价格多少，是至关重要的。

一种情形，是转让业界熟悉的品种。

这样的品种，在拍卖会的公开交易渠道，有过一次以上的成交记录。成交记录越多，越容易获得准确的价格参照。

买方要注意的是，有的卖家，宁可付出买卖双方的交易佣金，也要为自己委托的拍品留一个较高的成交记录，以便在场外以稍低的价格成功转让。对于那种并无特殊亮点，却突然以既往价格两倍以上成交的品种，要格外注意，可能卖家人为“作价”

导致的结果。

也有的卖家，只是在拍卖公司把某件古籍上拍过，并在拍卖图录上留下了一个较高的起拍价，甚至都没有成交记录，仍然可以声称是在拍场上竞拍到手的，从而在场外以稍低价格成功转让。这样做之所以会成功，是因为并非所有的拍卖公司把每一场的成交记录都登录在网上。

是否把成交记录登录上网，每家拍卖公司都有固定的习惯。这为委托人实施这两种不同的“高价送拍、低价转让”的策略，提供了现实空间。对于这种交易策略，我们仅作客观中性的介绍。

从最终结果来看，能否成交和成交价多少，都是买卖双方在那一时刻、结合自身需求、综合权衡的结果。只有双方都认为自己在交易中可以获益，成交才会达成。

从这种意义上讲，每一桩可达成的交易，都是公平互利的。

另一种情形，是转让业界不熟悉的品种。

这样的品种，往往具有稀有、实用等亮点，比较容易通过简要的介绍，快速获得对方的认可。但是，在任何渠道，找不到它的成交记录。

从卖方角度说，设法精准地找到有实力的买方，并了解其需求、购买心理，有针对性、有策略的沟通，是成功的关键。至于成交价格，卖方当然希望越高越好。

一般来说，希望迅速成交，卖方在成交价上就需要较多让步。如果想取得超出预期的好成绩，就要有足够的耐心。

迅速成交，虽然提高了资金周转率，但每次的兑现资金量可能会减少。相应地，用较多时间等待和促成一个较高的成交价，兑出的现金可能会增加，但又会拖慢资金周转，并要承担行情波动的风险。

从买方角度说，找不到成交记录，并不意味着没有价格参照。几乎所有的古籍门类都有过上拍。即使某一种古籍没有出现过，同类品种也会有成交记录可以参照。

此类交易中，卖方掌握了稀有资源，具有更大的定价权。但不意味着买方是完全被动的。任何交易磋商的过程，都可能为买卖双方留出斡旋的余地。能否有效地捕捉到对方的弱点，是己方取胜的关键。比如，当买方洞悉卖方正处于资金的饥渴期，就等于胜券在握了。又或者，当买方“不经意”地透露，自己正在寻找或者已经找到合适的替代品种，就可以有效地降低卖方的价格预期。

虽然古籍等古董门类属于较为特殊的商品，不同的买家给出的价格往往有天壤之别，但是，在促成场外交易的技巧上，它和其他的商品门类，本质上并无二致。

3. 网络转让渠道。

这是指独立的网络转让渠道。那些以网络参与作为辅助手段的现场拍卖活动，不在此类的讨论之列。

在国内市场，古旧书刊的交易，以孔夫子旧书网和微信转让渠道最具影响力。孔网采取类似于淘宝网的平台模式。孔网本身也有图书销售活动，但它主要是一家网络平台，全国乃至全球的中文旧书店、二手书爱好者通过注册，在它的平台上进行转让交易。孔网在这些交易活动中，收取相应的佣金。

在微信转让渠道比较火爆之前，孔网几乎成了中文旧书交易的网上渠道代名词、主渠道。中国人在类似淘宝网的平台上有什么样的买卖体验，在孔网也是类似的，只不过，这里主要进行二手书的交易而已。

孔网在 21 世纪初就开始经营，但它对传统书店和现场拍卖，并无多大颠覆性的影响。至多是价格更透明了，差价不好赚了，逼迫古旧书刊的经营者精耕细作而已。

真正让现场转让渠道感觉到威胁的，是风起云涌的微信转让渠道。

孔网主导的时代，手机的功能还没有这么强大、便捷，买卖双方还需要正襟危坐在电脑屏幕前，嗒嗒嗒地敲打键盘，才能完成书刊图文的上传，或心仪商品的购买。

尤其一些中老年的参与者，宁可周游全国的古玩城和拍卖公司，也不愿意在电脑前完成在他们看来较为复杂的下单程序。

智能手机的普及，微信、支付宝等电子支付手段、社交渠道对人们生活的全面覆盖，彻底提升了中国人的网络生活依存度。

当微信朋友圈和群组，变成了人们生活中阳光空气一样的存在，它必然会把交易影响的触角，延伸到每一个专业领域的每一个角落。包括看上去十分小众的古籍圈。

本书写作是在2018年下半年。在此之前的两年，即2016年，通过微信来展示古籍藏品，还不是很普遍。然而，两年以来，这一态势的演进是加速度的。今天，几乎每一个古董圈子里的藏家，都会主动或被动地成为几个、十几个甚至几十个群组的成员。在很多业界人士还没有回过味的时候，每个人和整个圈子的沟通渠道，全都打通了。只要他想，理论上，可以和圈子里的任何人搭上话。

在这样便利的转让渠道面前，很多古籍藏家不再把中低价位的拍品委托给拍卖公司、接受漫长的拍卖周期以及部分不良买家延迟付款带来的煎熬，而选择自己在微信平台上直接发布图文展示，回款速度远远地快于拍卖公司。

综上所述，当前的古籍交易渠道，已经非常多元化。可是，我们却很难简单地概括，对于同一种古籍，选择哪种渠道的成交价更高或更低。

不同的买方给出的价格差异非常之大，甚至大到了几倍、十几倍的程度。就卖方来讲，尤其手持一些稀有独到的古籍时，可能连自己都不知道该报什么样的价位，往往对市场一试再试，才肯出手。而买方一旦到手，通过再度的研究和发掘，发现了新的价值所在，又可能以更高的价格出手。这种特殊的行业特点，为参与各方提供了充分的空间。

无论是藏家、研究者，还是纯粹的投资者，都可以从中找到自己的定位和巨大乐趣。

这也是这个行业的独特魅力所在。

第五篇
真伪之辨：如何看待古籍之伪

所谓“古籍无假货”。确实，其他古董门类的藏家，转藏古籍，或者兼藏古籍，有很多是因这句话来的。

这话过于绝对。在真伪方面，古籍并不是完美无瑕。但是，仅就外观因素而言，它是古董行里赝品极少的门类。

古籍为什么赝品极少

一是，尽管古籍价格与二十年前相比，已经有了飞速的跃升，但相对于字画、瓷器等古董大类，价格仍在低位，还不大为造假者所青睐。尤其七八年来，古籍价格随整个艺术品市场行情走低，更让造假者无心尝试。

历史上，古籍价格是高过的。并且，不是偶尔高，是一贯高。前文说过的典故，明代的王世贞曾经拿一座庄园交换一部宋版《两汉书》，那还是明代。明人看南宋，犹如今人看清。明人看北宋，犹如今人看明。王世贞肯拿庄园换宋版书，现在谁肯拿北京的四合院换一套明版，哪怕它再珍贵？民国年间的古董店，一部明版古籍的价格要高于一幅明代董其昌字画，而现在，董其昌的字画动辄成交数百万元、上千万元，而品相俱佳、册数中等的稀见明版书，不过几十万元一套。价格相差十数倍之巨，古籍相对价格之低，可见一斑。

二是，古籍的造假成本高，技术门槛高，难度大，也导致彻头彻尾的假货几乎没有。

造假者宁可去造一幅名家字画，不仅仅因为它可以多卖钱，更因为造它的难度，要比造一部假古籍小得多。

版刻古籍，自然先要有雕刻制版。机器刻板是不行的，否则刷印出来，一色的印刷体，半点手工味也没有，无法蒙混过关。若要找人工雕版，且不说现在能做这件事的人少而又少，即使有，已经可以光明正大地申请国家非物质文化遗产传承人了，不会去做这种以新充旧、蝇营狗苟之事。更何况，新雕版无论如何也刷不出年代久远、自然老化的纸墨感，只可以作为传统雕版的工艺传承实物来购买，相当于老技法做出的现代工艺品。目前市面上有非常廉价的所谓“雕版书”，其实要么是机器刻板、假称人工，要么就是机器刻板和影印页码杂糅，没有什么收藏价值。

现在成套全本的老书版，市面上难得见到一套。并不是没有，是有的，收于馆藏机构，或非物质文化遗产传承人手中，不敢说价值连城，至少也是奉若珍宝，岂能动辄让人刷一套冒充老书的新书？

据媒体报道，至今，仍有以历史留存的木活字来制版、刷印家谱的。这样刷出的书，自然也属于老版新刷，和原汁原味、自然传承的老版、老墨、老纸、老刷的古籍实物没有可比性。

退一步说，就算谁家躲过了历次文化劫难，幸存了一套完整的老书版，而且觅得老墨，刷在了老纸上，那得需要多少老墨，多少老纸，又到何处寻觅？现在老纸的价比印上字的老书都贵……空白一张老纸，“大师”用来仿古一幅名家字画，利润爆棚，不会有人舍得把它刷上墨、装成书、讨一个连成本都回不来的结果。

当面粉贵过面包，造假古籍就失去了利益基础。

纸张，外观辨伪的基础

在外观上，古籍虽然造假很难，又不经济，但还是有些企图“锦上添花”的小手段。对于这些方面的辨识，前人已经总结得比较多。在此，只作一些有必要的增补，供大家评判参考。

——关于纸。

在古籍鉴定和辨伪实践中，纸张的分辨是最基础的，也是最难的。

懂行的古纸专家当然是有的，但是没有一个专家，可以声称已经把所有古籍用纸的源流、类别、制造过程等方面了然于胸，并且拿着纸谱指点出来。实际上，现在也不存在一套纸谱，可以涵盖所有古籍用纸。能做到收藏的纸样尽可能多、不断增补，已经很不容易了。

大规模、多类别手工造纸的辉煌时代，已经远去了。传统古籍当中，留存的此类信息少而又少。

尽管如此，我们仍然无法绕开纸张来判断古籍。这是绝大部分书的物质载体。当有人持有一本古籍，声称它产生于某某年代时，通过纸张，往往可以给出一个大致定性的判断。至少有一个常识：年份较早的古籍内容，一定不会写在或印在年份较晚的纸上！一种书大致的成书年代，可以通过纸张来辅助断定。

——粗长纤维。

一种古籍，如果在纸张上找不到长于一两厘米的粗纤维，就应注意，这可能不是一种年代早于明末的书。或者说，明末之前的书上出现粗长纤维的概率，远远大于明末之后。古籍圈老师傅的经验：在明末清初之后，由于造纸方法的改进，已经可以把粗长纤维打碎或过滤掉，纸张变得细致。这种改进，没有非常明确的年代记载。大致可以作为明末清初前后文献的一个断代参考因素。康熙之后，粗长纤维确实较少了。但是明代旧纸，留到清代再用，也有这种可能。

所以说，这种断代方法，说的只是一种概率，只能作为一种参考，并不绝对。我就在若干清末古籍上见到过粗长纤维，只是数量上较少而已。

这种方法，属于口口相传。为免于失传，记录在此，供大家结合其他鉴定点，一并参考使用。

——纸边缘的老化。

当代染纸，以充旧纸。这样的外观作伪方式，历来有之。古籍纸张老化的自然渐变，是任何人工也仿不出来的。自然的老气是活的，你仿佛可以看到，它还在慢慢地生长。仿出来的老气是死的，新旧交接处没有自然过渡。

做旧的纸，不仅边缘处的老化痕迹和页码中心区域的非老化痕迹，中间没有自然过渡，而且，中间区域也常常出现大片的旧痕，仿佛生怕观者看不到它已经完全变旧了一样。这种刻意为之的旧纸是很容易辨别的。

由于染纸使用液体的不同，这种纸可能出现茶黄色，也可能呈现灰白色。总之，都不是古籍纸张由外而内自然氧化的渐变色。

——机制纸。

中国传统的造纸，采用自然的浸泡工序，打浆、帘抄、焙干等过程，都是手工进行，全程对纤维结构的保护比较好，使之具有较好的对水分吸收和释放的功能，宛如对水汽的呼吸。外观上，一是它的帘纹；二是它的韧性；三是总有微小的瑕疵。

而机制纸的成纸过程，要求快速去除纤维杂质，快速成型，会使用高温、现代机器参与、化学添加等方法，对自然纤维的破坏比较大。成纸之后，没有帘纹，只有极度均匀细致的深浅斑点，密度好、韧性差。

无论哪种物件，是否古董，要区分手工活和机器活，首先要看一条：有无瑕疵！

只要是人干的活，一定有瑕疵。也可以换一种说法，叫作即时情感的加入。但是机器干活没有情感加入，从头到尾有严格的标准，往往以致密、光滑、笔直、线条绝对流畅为特点。

以往认为，中国人主持的机器造纸始自光绪十七年（1891 年）李鸿章在上海创办的伦章造纸局。在此之前，美商曾在上海杨树浦路兴建了上海华章造纸厂。后来，上海社会科学院经济研究所考证，中国的第一家机制纸厂是华商创办的上海机器造纸局，由曹子挥于清光绪八年（1882 年）私人集资、李鸿章核准开设。

中国有了最早的机器造纸厂，并不代表最早的机制纸印本是这时产生的。也有其他可能。比如，在日本印刷后运回国内，或者海外机制纸通过各种渠道进入国内。目前市面所见的机制纸印本，比较早的确实都是光绪年间所印。但这可能不是中国机制纸印本出现的最早时期。

关于机制纸进入中国的最早时间，没有非常公认的标准。较早的机制纸印本实物多见于光绪前期。西方造纸法先传入日本，又传入中国。

我本人所见的较早的机制纸印本，是一套清道光年间的《太原县志》。这套县志来自东北的一位县志专题藏家，我有经手。2018 年 10 月，山西太原一位低调但实力雄厚的“80 后”藏书家，曾经专程来看。根据他自己的介绍，他的古籍藏书量在国内私人藏家中是排名非常靠前的。我向他展示过这套县志，以及其他的山西地区县志。这套《太原县志》用的是机制纸，但却是用雕版刷印的。牌记页标示为道光刻版。至于是用道光年间的雕版、光绪之后的机制纸刷印的，还是道光年间国内已经有了这种机制纸，目前尚无法确定。

注：本书进入后期编印程序时，2018 年 11 月 24 日，海王村秋季书刊资料文物拍卖会古籍善本文献专场第 885 号拍品《萧县志十八卷》，清嘉庆十九年（1814 年）刊本，经现场查阅实物，亦为雕版的机制纸刷印本。这是我个人所见最早的汉文古籍机制纸刷印本。同样，是否原版后刷，待考。

上述两例属实，记录在此，供大家考证参考。

关于机制纸，说了这么多，意思是，有些古籍文献，如果是写印在机制纸上的，就不会是清代嘉庆以前的版本。一般来说，都是光绪及其之后的。同时，如刚刚所述，也不排除上溯到道光或嘉庆。目前，我个人没有见过嘉庆之前的机制纸印本，也未见相关记载。

——老纸新抄。

鉴别老纸新抄，看似困难，实则不然。

老抄的墨迹，已经和纸张融合在一起，无任何浮躁之气。新抄的墨迹，都是浮在纸面上，凡拿毛笔写过字的，基本都可以辨识。

现在，拍卖场上清末民国的旧存空白册，卖得比较好。不排除有一部分是被拿去做老纸新抄了。有人要问，如果是用老墨在老纸上写字，连墨味都祛了，岂不是很难辨识？也不见得。

如果老空白册的纸上是有虫蛀的，就容易多了。一般来说，作伪者比较偏爱有虫蛀的老空白册，显老气（有时也可能不是故意作伪，而是随心抄写，后来又拿出来出售）。但是，也是因为有了虫蛀，进行书写时，必须要在筒子页中间垫一张纸，以免墨色沾到对面纸上去，就会漏了新写的马脚。这种情形下，有个微小的细节，可以分辨是先写上又被虫蛀的、还是先虫蛀后来又写了字的。鉴别点在于：虫蛀处的纸张断面上，有没有墨迹。如果是先书写，后来才被虫蛀，则虫蛀空缺处的纸张断面上不会有墨迹，尤其是断面翘起的纤维上，不会有墨迹，厚纸尤其如此。如果是先有虫蛀，然后又书写文字，则虫蛀处的纸张断面上，往往有墨迹。中间垫的那张纸，只能保证墨色不会沾到筒子页的对面页码，却不能使书写面的虫蛀断面处不受墨色沾连。

作伪老手遇到这种情况，会在书写时刻意地避开虫蛀，但这样做的难度很大。因为当年虫子咬纸时，断不会考虑给后来的作伪者留出写字的位置。

这些都是传统的辨伪书上没有写到过的，是我个人辨伪的一点观察分享。

关于老纸新抄，甚至新纸新抄，要提示一点：如果内容独特，文献价值好，抄写精美，仍然有一定的收藏和传承价值。

抄写，本来就是古籍传承的主要方式之一，有些书，甚至只有历代的抄写本流传。这就是“古籍无赝品”“古籍不怕买假”的含义所在。只要价格合适。

突然出现、突然消失的开化纸及其猜想

既然谈到了纸张，顺带写一小节关于开化纸的内容。在古籍的所有用纸中，开化纸几乎是最受尊崇的。同时，关于这种纸张的争议和分歧也最大。

有趣的是，虽然“开化纸”这个称谓，几乎所有古籍界人士都在用。但是，究竟开化纸因何得名，甚至究竟哪种纸才算开化纸，不同的人居然有不同的认知。

假如说，汉文古籍用纸中，存在诸多传奇和谜团的话，那么，开化纸是比较突出的。

《中国古籍版刻辞典》是古籍界人士的文房必备工具书。在描述“开化纸”时，是这样说的：“印书用纸之一，南方叫桃花纸。据说这种纸产自浙江的开化县，故名。质地细腻，极洁白，无纹格。纸虽薄而韧性强，柔软可爱，清代顺、康、雍、乾四朝内府、武英殿刻印的图书多用之。那时产量较多，质量也高。嘉庆、道光以后的产品质量较前降低，数量也大为减少。家刻本也有采用，但为数很少。开化纸印本非常美观，武进人陶湘最喜欢藏殿版开化纸印本[①]。”

这段描述中，有几点可供品评。

第一，这是一本严谨的学术辞典，此处居然破天荒地用了“据说”一词。可见，直到这本辞典成书，编者也没有找到确切的证据，证明这种纸出自浙江开化县。直到今天，关于开化纸的产地，业界仍然莫衷一是。在浙江开化县，既找不到生产开化纸的史志记载，也找不到相关的遗迹遗存样本。

第二，关于开化纸的特征。此处使用了“无纹格”一词。这

①瞿冕良，《中国古籍版刻辞典》，济南：齐鲁书社，1999年，第31页。

种说法，被许多业界人士广泛传播。乃至今天只要拿出一本并非内府的开化纸本，就可能有人端详一番，然后以“有帘纹”为由，定论为“不是开化”。在此，一定要正个名——开化纸也是“有纹格”“有帘纹”的！中国的传统造纸，都是手工制造，没有帘纹的纸，那是机器纸，而开化纸，都是有帘纹的。只不过——它的帘纹非常细，非常浅。制作略粗一点的，可用肉眼在自然光下微微可辨。制作比较细致的，需要对照灯光，才可以隐约衬托出细细的帘纹。如果一定要给《中国古籍版刻辞典》挑毛病，这是一处不够严谨的小小瑕疵。凡是声称开化纸没有帘纹的人士，都是只肯信书、不肯信实物的。但是，我们要说，实物是用来匡正记载的，记载不是用来匡正实物的。

目前，市面上所见的开化纸本，主要集中于康熙、雍正、乾隆“清三代”时期。到了嘉庆时期，突然又少见了。道光间，据说尚有极少书籍使用，因我未见其实物，不作评价。所以，一见到开化纸的版本，断代为清三代时期，八九不离十。但，也不尽然。

当今藏书界许多权威人士，仅仅在几年前，还有一种默契的共识，认为开化纸源于清初，明后期没有开化纸本。2011 年，山东德州一场小型的古籍交流活动上，有一种明后期的经折装佛经，当为万历刻本，纸张标示为开化纸。当时，与会的鉴定专家提出质疑，认为将一种明刻本标为开化纸本，此举欠妥。但是，至今没有人能举出确可服人的证据，来说明洁白、滑腻、柔软、很多人眼中的“线装古籍用纸之王”——开化纸，确实起源于清初，而没有更早。

也就是说，只要明后期有一种书籍，确定无疑地具备了开化纸的全部特征，我们就可以把这种纸的发端向前推进。几年来，已经有拍卖行把明后期的个别古籍用纸，大胆地标示为开化纸。尽管这种做法不排除有商业上的考虑，但是，确实有极少量的明后期用纸，除了标示为开化，实在找不到任何名称可以更准确地描述它们。

比如，有一种明后期的潞藩刻本《六壬课经集》，近年来曾在拍场有过几次露面。也有的拍卖公司将其同系列版本《六壬兵占》描述为南明（1644—1645 年）潞王朱常涝刻本，理由是钤有“潞国敬一主人中和父世传室”一章。我认为这样断代不妥，应该说其成书年代自万历年间开始都有可能。一是因为书中刻工数十人为万历天启间人士，而 1644 年当年清兵已入关。这些刻工也可能从万历活到清初，但毕竟不能说他们不是万历天启间人士。二是万历年间的第一代潞王朱翊镠（1568—1614 年）也可能使用这枚印章。即便它是第二代潞王朱常涝（1607—1646 年）所用，也完全有可能是在此前的刻书上钤印，不能肯定刚好是 1644 年到 1645 年潞王南明政权期间才把书刻出来。若无明确著录，可将此书暂定为明后期潞藩刻本。在各家拍卖时，这部书的纸张标示比较凌乱，有的标为白棉纸，有的标为竹纸，有的干脆标个纸本了事。后来，我把这部书买到手上，从头至尾、一页一页、细细地分辨，发现它比起传统的白棉纸，明显地薄、软、细；比起任何竹纸，它更是极其细腻，帘纹微细几无。尽管它尚不似清三代开化纸那般明显地洁白，但古籍拍卖在国内已经举办了二十多年，在目前所知、所见的古籍纸型当中，能够最准确描述它的，以开化纸最为适当。

出于严谨的考虑，要说明的是，以上仅是主观的综合判断。究竟开化纸的出现是否可以上溯至明后期，借由现代科技检测手段，确认其化学成分或微观结构，当更具科学性。

我本人对于造纸没有专业的研究，至于开化纸为什么突然出现，又为什么突然消失，在此，仅仅提供几种未经考证的猜想，以供大家批评指正。

关于开化纸的发端，我的个人猜想：

古代手工造纸，都是匠人家族传承的手艺，一种新纸型的产生，是积年累月、匠人逐渐改良的结果。在“清三代”达到巅峰的开化纸，理应也是如此。不排除，开化纸的产生，是经历了有明一代的积累，在明后期已然成型。但是，由于家族技艺的保密特点，明后期的制造，可能只在个别家族中，以私密的状态悄悄地传承。从而使得我们今天所见的古籍实物中，明后期的开化纸本很少。

到了清初时期，社会逐步稳定，统治者有了粉饰太平的需要，于是在民间发掘可供宫廷使用的高端纸型，用于皇家刷印书籍。这些书籍多用于皇帝、皇子自读或赏赐文武臣子。开化纸，也许就是在这种皇家秘访的过程中，由特殊的工匠家族被迫奉献出来的。进而，开化纸在贵族阶层获得青睐。诸如康熙年间掌管武英殿刻书事宜的纳兰明珠，也喜欢为他的爱子纳兰性德的通志堂刻书，选用这种纸型。2011 年，中国书店旗下的海王村拍卖会上，一部仅有六册的康熙十九年通志堂开化纸本《学易记》，3 万元起价，火爆竞争至 22 万元才落槌，而同期的普通白纸本，大致不过千元一册而已。即便几年来行情有所调整，业界对开化纸本仍会高看一眼。今人对开化纸本的推崇，不亚于清末民国时“陶开化”的热情。

关于开化纸在历史上的突然消失，至今更无定论。

嘉庆时期，开化纸的本子还是有的。只是纸的品质，已经大大不如“清三代”时期。有的，干脆一部书中，一部分似开化纸，一部分又似精细的白纸。2018 年出自上海博古斋的一套嘉庆年间初刻初印的《四六丛话》，就是这种情形。

当然，精细白纸这个提法，既不严谨也不专业，属于当今业界一种偷懒的提法。因为古籍用纸的种类不可计数，又都是手工造纸，同一家纸坊出来的东西，不同批次的也有差异。每当不可名状、不可辨别时，就索性把许多白色的手工纸张统称为白纸。拍卖公司起的头，也有避免争议的企图在里面，现在，“白纸”竟然成了一种约定俗成的“标准官称”。

开化纸的消失，是中国藏书界、出版史上的不解之谜。

第一种猜想：开化纸不是清代所产，而是明末所遗留。

或许当时有一定的存量，可供清代皇家或贵族、富豪家族刻书所用。既然是存量，总有耗尽的一天。这就导致了它在历史上的突然消失。不排除在接近耗尽的末期，工匠们有复原技艺的尝试，怎奈古方不传，所造之纸，仅仅类似开化，终究与其无法比拟。这是嘉庆年间“开化纸”品质迅速降低的一个可能的原因。

对于这一种猜想，我本身也有所怀疑。疑点之一，是无法解释为什么顺治时期的开化纸本比较少见，而康熙时期才开始多了起来。疑点之二，是开化纸的使用并非皇家或贵族刻书所独有，家刻本中也有明确的使用记载。如果说家刻本的实物，我个人还没有亲眼所见。清乾隆丁丑年（1757 年）精写刻本《沙河县志十二卷》，我是亲自过眼过手的，开化纸无疑。这套县志出自河北沧州藏家之手，后转让给山东德州藏家，旋于 2016 年在山东一场小型拍卖会上 2 万元一拍落槌。可见，当时开化纸虽然少见且昂贵，但并非皇家独享，在民间使用中也有所散布。

之所以我本身存疑，仍把它列为猜想之一，是因为开化纸出现和消失的原因，至今没有权威的定论。任何猜想均有一定参考价值。

第二种猜想：开化纸的制造技艺，在清代匠人的代际传递中自然衰落。正是家族传承的弱点，导致了开化纸的自然消失。中国的工匠师傅，发明一种技艺，往往是家族历代“做加法”的结果。代代改良，终成高超秘籍。而一种技艺的消失，也往往是家族传承中“做减法”的自然结果。由于不敢保证每一代的传人都是男性，甚至不敢保证每一代的传人都是家族后人。如果家族无男丁，就只能传给女儿、女婿。如果家族连女儿都没有，就只有传给徒弟。这个时候，师傅还要保护自己的饭碗，就会习惯性地对某些技术方法进行保密。这种“做减法”的传承方式，就把开化纸慢慢地变成了开化榜纸，把开化榜纸慢慢地变成了普通纸张。并且，我个人猜想，比起逐代逐渐消失，某一代匠人的“人去技空”具有更大的可能性。有很多传统技艺都是这样消失的。

第三种猜想：抄制开化纸所使用的帘子，并非传统的竹帘，而是特殊材料所制。或者，是竹帘，但是制作工艺比较特殊，导致帘纹极度浅显细腻。由于某种原因，这种竹帘的制作材料或制作方法失传，导致细腻的高档开化纸变得粗糙，乃至消失在茫茫历史当中。

第四种猜想：其实工艺并无特殊之处，但是，制作开化纸的原材料，不同于此前或此后所用，而是突然发现的某种特殊原料。比如，某种偶然的树木变种，或其他的植物体，其纤维细致，质地柔软，做出的纸自然细腻洁白。但是，这种原材料的枯竭，导致了虽然制作工艺仍在，但是再也无法重现开化纸往日的辉煌。

猜想是一切实证的开端。无论是时间线条指向未来的创造，还是指向过去的考证，都是如此。

所以，上述猜想，无论证实或证伪，我觉得，也许有一点参考价值。

纸张之外

除了纸张，在外观上，古籍之伪尚有诸多。

——新伪易辨，老伪难防。

一般来说，外观作伪的事，大部分都是书商做的。不只是现在的书商会做，历史上的书商早就会做。现在的古籍交易中，买家多有一种习惯：不喜欢买“动过手”的书。比如，线要是老线，纸要是老纸，题签要是老题签，包角要是老包角。一眼望去，老气扑面，大开门。

这样的古籍，就没有问题了？不见得。

老伪之书，有可能出现几种状况：

一是，没有书首的牌记页。

雕版印书，牌记是必有之项，载其书名、年份、编作者、板之所出所存，相当于现在的版权页。凡书首的牌记缺失，而每卷末或全书末也没有相关信息的，则必有玄机。

要么是丛书本，全套书只有第一册有牌记，要么是流传过程中，牌记被拿掉了。书商拿掉牌记，则牌记中必有减值的情况。比如，牌记中有原藏家钤印，而书商得书的渠道不甚光明；比如，牌记中有明确的刻书年代，而书商欲以更早的年份售出；比如，牌记显示此书为普通版本，而书商欲以珍稀版本售出；比如，牌记显示的书名，为常见之本，而书商欲以书口标示的书名售出，显其稀少；比如，牌记页的前人题识，对出售有不利情形。诸如此类。

二是，残本杂拼。

有时，是把不同版本的残本，以卷目顺序排列在一起，再进行掩饰加工，使之从外观上看，呈现一种相对完美的卖相。比较起来，以相同版本进行的抄配，更加靠谱一些。可是，既然是抄配，我们又无法知道，抄写者是用了相同的版本，还是不同的版本，以及抄写中是否有随意改动。这就是配本总是不如原装全本受欢迎的原因。

有时，还会出现把相同版本的两个残缺部分，拼成一个“全本”。请大家注意，这种情形，更有迷惑性，一不留心，就会中招。听起来不可理解，举个例子，马上明白——若一套诗文集，原有诗集四卷，文集四卷，可是，流传过程中，中间部分残缺了。书商为了掩人耳目，干脆撤去了目录，然后留下前面的诗集卷一卷二，再留出文集的卷三卷四，如此一拼，重新装好。仅仅在书口查阅，会发现前有诗集，后有文集，卷一卷二卷三卷四，卷头连贯，全书最后，还有个收尾的跋文。真是“完美极了”。待日后置于案头，细细翻阅时，发现问题，已然不可挽回。应对这种情形，没有更好的办法，看仔细就是了。

如果这种情形是百年前的老伪，岂不是更有迷惑性?

所以说，对于看上去“没动过手”的书，千万不要迷信。一种书流传越久，经手的人就越多，所经历的复杂情形就越难以估量。

——伪章。

钤名家收藏印，这已经是书商作伪的标配手段，古来有之。胆子小的，不加名家印，但是加上好多闲章。打开卷首，虽然没有名家钤印，但是闲章琳琅满目，给人以强烈的视觉刺激，企图直接连通“此书备受他人喜爱”的买方潜意识。这种方法，不能算是伪章，但是有很强的诱导性。容易受到心理暗示的人，也可能为此多花钱。

以前钤印，印泥很久不干，所以在拍卖会上，我们会看到有的“名家钤印”之上，还加着一片垫纸，是防止印泥粘在对面页码上的。由于着急送拍，这片垫纸一直带到了拍卖预展现场，颇令观者哑然失笑。

现在时代又进步了，著名的印泥制造商，已经开发出堆叠效果好且能在一天内速干的高级印泥。价格虽然贵，但是至少，预展现场不会再让你看到那一小片垫纸了。

我遇到过更令人啼笑皆非的情形：某一种书，在第一次露面时，卷一开头空空如也，等不久之后它在拍卖会上第二次露面，卷一开头已经亮闪闪地钤了一枚史上名家的印章，图录提要中还特别注明了“某某名家旧藏本”。

凡此种种，应对方法有三：

一是，新钤的名家伪章，也许印泥是可以速干的，钤盖效果还非常立体美观，但是印泥浮于纸面，尚未与纸纤维融合在一起。细细观察，可以辨识。

二是，只考虑书的本身。除非十分确定，否则不为钤印的事额外花钱。

三是，前人钤的印，往往老气扑面。若有确定的方法可以证其真伪，那一定要证。比如，章上的名人去世在前，此书的刻印在后，那显然是后人的伪钤。

如果暂时没有办法辨出真伪，那么，或者就以真钤视之，或者先搁置它。这基本上，已经是一个哲学问题，不是真伪问题了。有些历史，是永远无法揭示真相的，所谓真历史，不过是后人达成的共识而已。这一点咱们不多说，慢慢悟。

内容之伪：何者为真，何者为伪

在本书前文所有提到“古籍辨伪”的地方，我都注意加上了一个限定词——“外观”。

为什么以上要强调“外观辨伪”？为什么要把“外观辨伪”和“内容辨伪”区分来说？

“伪书”一说，古来有之。相对而言，外观上的伪，是比较容易辨识的，属于技术层面。但是，内容上的伪，不只是难以辨识，而是涉及更深层的认识问题。

如何站在历史深处，来看待历代传承的浩如烟海的纸质文献？

从文献内容上讲，何者为真？何者为伪？

此事是古籍使用和研究的基础，不可不究。但是，如果究到极限处，恐怕张之洞“一分真伪而古书去其半”的论断，都远远地说少了。

伪书的研究成了一种学问，可见被定伪的书籍之多。关于伪的方式，前人各有总结梳理，比如，作者伪、年代伪、杂糅伪、续补伪、讹传伪等，门类之多，无法一一列举。总之，凡是考证后认为与实际情形有差异的，皆被称为伪书。

考证家又总结道：有意作伪者，不外争名夺利；非有意而作伪者，多是编写之误。无论原因何在，曲折多少，许多赫赫有名的古籍经典，包括先秦诸子之书和《论语》《尚书》《左传》《史记》《山海经》《黄帝内经》等，均在伪书考证家的痛打深究之列。甚至著名的汉文佛家经典《楞严经》，也在辨伪者的目标范围内。梁启超就明确怀疑《楞严经》是隋唐期间中国人的伪作。至于灵异笔记、奇闻怪谈、兵书算经之类，就更不必说了。

有清一代，关外民族入主中原，一面开科取士，笼络文人，一面大开文字狱，禁言毁书。此种背景下，清儒群体纷纷遮目塞耳，钻进故纸堆，着力开展基础层面的学术工作，确是被迫之举。兼之，清代中期，统治者已经坐稳江山，而西方列强对中国的觊觎，尚未形成风潮，知识阶层得以专心治学。朴学由此大盛。

清代学术的主流，朴学，质朴求实求真之学，源于汉代，兴于乾嘉，其治学方法的影响延展至今。朴学针对儒家经文等经史子集各类古代典籍，涉及辨伪、文字、音韵、训诂、目录、版本、校勘、辑佚等诸学。这个时期，是中国古代学术的实用主义高峰。文化高压之下，埋头钻研经典：一可避险；二是媚上；三可炫耀学问之深厚。故而注释经典、匡正错讹、辨伪存真、音韵训诂、辑录稀见残存之书，凡此种种，清代学术家们确也取得了可钦可佩的成就。

可是，古籍文献的研究者们要做的工作，仅仅就是这些吗？

本节内容，想要提出的问题是：

我们为什么要收藏和研究古籍文献？

我们为什么要兢兢业业地辨伪存真？

经典浩荡，汗牛充栋，何者为伪，何者为真？

以上问题，也可以概括成一个：基于古籍文献的学术研究、历史研究，终究是为什么而做的？

清代“质朴之学”，留给后人的学术遗产，一笔是浩如烟海的著作，一笔是他们的研究方法。总体来看，后者是更具传承价值的。

朴学的可贵精神，就在于敢站在前人的肩膀上继续向前走，无论什么经典，都敢去研究它。凡是书上写的，都敢去怀疑它。在具体的方法上，又特别讲究严密的逻辑推理和科学的理性精神，凡立论必须有实据、孤证不为定论、乐见比较研究、师徒可以辩论、弟子可以疑师、论事不论人、不惜在一细分领域内深加追究。这都是超越前辈学者的地方。

可惜之处在于，朴学研究的主要目标，虽然也涉及历史、地理、算学，但重点仍集中于儒家经文，其所疑、所注、所思、所撰，不过是在原有的大树上生枝长叶，并没有培植出新的参天大树来。他们借鉴了西方自然科学的精神和方法，却用在和西方学者不同的研究领域。在中国朴学家皓首穷经、读书论道之时，欧洲列强正忙于工业革命，推进科技，解放思想，快马加鞭地向新的文明社会转型。

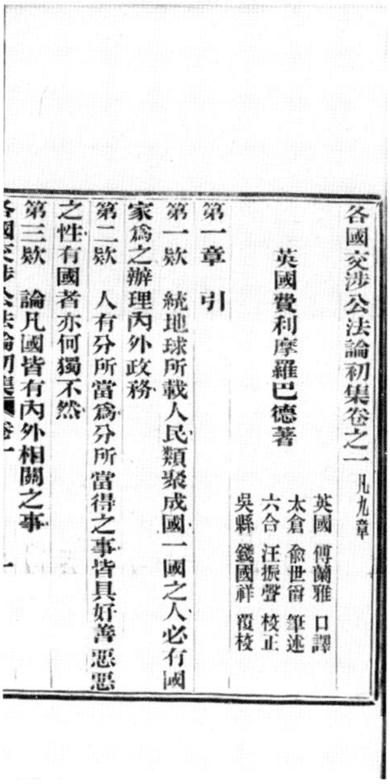
各國交涉公法論初集卷之一 凡九章
英國 傅蘭雅 口譯
太倉 俞世爵 筆述
六合 汪振聲 校正
吳縣 錢國祥 覆校
英國費利摩羅巴德著
第一章 引
第一款 統地球所載人民類聚成國一國之人必有國家爲之辨理內外政務
第二款 人有分所當爲分所當得之事皆具好善惡惡之性有國者亦何獨不然
第三款 論凡國皆有內外相關之事
各國交涉公法論初集卷一

◎相关呈现

各国交涉公法论初二三集

清光绪二十年（1894 年）江南制造局翻译馆聚珍本，两函十六册，白纸，29.3 厘米 ×17.5 厘米，江南制造局翻译馆在早期西学东渐史上处于中心地位。此书欧洲发行未几，江南制造局即有此最早汉文译本。英国议政大臣著，傅兰雅译，内容珍稀，开本阔大，书根悦目。系江南制造局代表性译著，当时篇幅最大的国际法汉文详本，对近代中国的开明知识阶层以及对外关系产生过重要的启蒙作用。《江南制造局翻译馆图志》第 114—115 页图文著录。本书写作时，此书有两次上拍记录，经予比对，确定是同一套书，迄今市面仅见之本。

之后，西方列强东进，自清道光时期开始，中国人的思路主线是忙着抵御外辱、洁身自好，日本人却迅速地理解了西方人的用意，紧紧地抓住历史机遇，对传统的小农经济的封建社会进行了大刀阔斧的革新，在市场要素上和西方列强积极地建立联结。

朴学之误，在于见细节而不见大局，辨小伪而不谋大真，局部创新而全局失利。这种源于对明代灭亡的反思并被清代的民族高压逼迫出来的学术惯性，直至民国年间仍大有余威，有些被尊为学界泰斗之人，仍以究竟一字一词一文一意为真学问，在对宏观历史和国家前途的判断上主观且狭隘。

无论何种原因，有清一代的朴学者，没有担当起知识精英阶层对国家进步的历史使命，与清代官僚体系一起，延误了国家转型进步的良机。

仍说辨伪。何者为伪？何者为真？

为引起读者的重视，易名托古，连自己的名字都可以舍去了，就为留下自己的研究成果，泽被后人，这伪中是否存真？

中国漫长的封建社会，自秦朝以来，改朝换代，前赴后继，更迭不休。凡新朝建元，修前朝之史，必有所取舍。由《史记》而至《明史》，清末五局合刻二十四史、皇皇五六百册之巨，其中何者为真，何者为伪？这样的史书，即便编者、内容、年代均确凿为真，是否就可作为无可辩驳的传世经典？

最典型，最富有争议的，乾隆帝修四库，凡忤逆之书、不利于统治之书，要么直接毁灭，要么剜版删字、篡改内容。有研究者称其所毁之书，甚至多于所收之书，秦始皇焚书的文化危害与其相比，也只是小巫见大巫。乃至后世史家发出“四库成而古书亡”的悲叹。那么，四库全书之真，是否真中亦有大伪？已经不言自明。

在内容上，关于真伪之辨，应该区分两个概念：

客观历史的真实。

历史逻辑的真实。

古来治史者，对于“历史学”的概念，无非两种：一种认为，历史学就是要恢复讲述完全客观真实的历史，能做一点是一点，做就比不做要好。另一种认为，历史学是要通过对历史规律的发掘，进而形成对现实的启发和引导。

我个人更倾向于两者的统一。对历史事实的纯粹客观的描述，理应导引出对历史规律的总结，否则这种描述就失去了意义。相应地，洞悉历史的规律，势必要以真实的历史为基础。

可是，历史真的可以被百分之百地精确描述吗？并且，有必要进行百分之百的精确描述吗？

答案可能都是否定的。

我从屋子的门口走到窗口，再从窗口走到门口。这是刚刚发生的历史，可是，当我企图百分之百地描述这段历史细节时，通过语言和文字都无法准确实现。那么，我按照刚才的路线重新走一遍，通过行动向观者来“描述”这段历史，能够实现百分之百的精确吗？也不能。第二遍走的路线，和第一遍相比，一定存在小小的差异。假如现场并没有别人，也没有录像视频，那么，我事后向别人复述这段历史，如何证实其可信度？这也是口述历史的瑕疵所在，口述者可能只选择有利于自己的信息进行表述。但不能因此就否定口述史的意义。我们要说的是，连上述这样一个简单的动作，都无法通过语言和文字来精确地复述，遑论宏大复杂的历史事实。

当然，这只是个比方。

在实际的历史书中，绝对不会也没有必要把每个人的每个生活细节全都记录下来。历史，永远是在一定主观目的引导之下、被史家判断有记录价值的信息集合。也就是说，它是信息选择的结果。人口学家估算，以人类历史有 5 万年计算，地球上曾有超过 1000 亿人生活过。虽然从客观上讲，每个人的每个生活细节，都是全人类历史的组成部分，但历史书绝不可能把这些细节都记录下来，后人也没有必要去研究这么多细节。

历史，就是一种应该被复述、可以被复述，但是永远也无法精准复述、无须全部复述的表达！

辨细节之伪，而不纠结于此伪，须知伪中有真。

存细节之真，而不迷失于此真，留意小真大伪。

即使研究微观的历史，也应明确自己的小专题在宏观研究体系中的坐标位置。

建立通史视野的时间背景，可以看清断代史。

建立全球视野的空间背景，可以走出狭隘区。

有所选择、相对准确地进行历史复述，积极追寻历史逻辑的真实，追寻历史发展的规律，这是基于古籍文献的历史研究、学术研究的应有之义。

第六篇
安全传承：现实中的疏漏及其完善

2018 年 9 月 2 日晚，里约热内卢市的巴西国家博物馆发生火灾，馆内存有 2000 万件珍贵藏品。虽然有消防人员参与，火势得到控制，但明火未灭，到 9 月 4 日，博物馆整个三层建筑基本被烧毁。博物馆管理者称，仅有 10% 的馆藏幸存，只是一些不易烧毁的陨石、矿石和部分陶艺藏品。原有的 2000 万件藏品，展现了葡萄牙人发现巴西直到成立共和国的 500 多年的历史。

这家博物馆成立于 1818 年，曾是葡萄牙皇室和后来的巴西皇室的宫殿，并藏有若干具有里程碑意义的藏品，如埃及文物，以及在巴西发现的最古老人类化石。2018 年 6 月，建馆 200 周年庆典刚过，不料遭此劫难。巴西政府虽启动了原因调查，但到本书写作时，尚未有确切原因公布。据猜测，可能是周边放飞热气球导致博物馆电线短路所致。

此事件经由互联网传播，引发了全球的关注。令人惋惜的是，巴西国家博物馆刚刚与银行达成投资协议，银行承诺提供相当于 535 万美元的资金整修博物馆，但部分资金必须等到 10 月总统大选后才能动用，而整修计划中，居然包含了防火设施。事件的发生，让一切为时已晚。

值得注意的是，当地消防部门发言人披露，事件发生后，离博物馆最近的两个消防栓故障，只好在附近的湖泊中取水，耽误了宝贵的时间。此外，博物馆建筑不但老旧，而且使用木材等易燃物建成，加上许多馆藏品属于纸质文献，令火势快速蔓延。

这是全世界馆藏业和历史文化爱心人士悲伤的一天。

藏品保护的常态

巴西博物馆事件已经不是近年来听到的唯一的文物毁灭事件。

2014 年 1 月，有 1300 年历史的云南香格里拉县独克宗古城核心区，在火灾中变成废墟。

2015 年 1 月，矗立 600 多年的云南巍山古城拱辰楼被大火烧毁。

2016 年 4 月，新德里的印度国家自然历史博物馆起火，馆体建筑被烧毁，所藏珍奇的动植物展品，包括距今 1.6 亿年的恐龙化石，未能幸存。

2017 年 12 月，中国绵竹九龙寺火灾，包括“亚洲第一高木塔”毗卢佛塔在内的诸多古建筑被烧毁。

巴西博物馆事件，立刻引起了中国官方的重视。第二天，即 2018 年 9 月 3 日，中国国家应急管理部下发通知，部署各地消防，联合住建、宗教、文物部门，开展文物建筑、博物馆的消防安全检查，指导这些单位加强安全管理，建立专职消防队和微型消防站，并要求消防部门进入这些部门，开展有针对性的消防演练，完善灭火预案。

国家层面、馆藏机构可以统一部署，迅速作出反应。民间个人藏家，保护好自己的藏品同样重要。古籍文献，以及木雕版等都属易燃物品，更需慎重。

不仅是防火层面。

也不限于各种物理保护。

古籍文献保护常规方法一览表

项目	详情
基础	书函、夹板、书匣、书箱、书柜等常见护书工具
防火	防烟警报感应器，气体灭火装置。更主要的是在细节上强化各种措施，防患于未然。非常珍贵的藏品，应置于不设厨房、不设电源的空间内。所在房屋应避免使用大量木结构等易燃材料，也不应处于有易燃隐患的区域，包括加油站附近、林区、高压线周边等。应结合相关实际，设定应对预案
防水	不要存放在地下室等容易遭遇水患的空间内，所在房屋应不处于峡谷、洼地、历史水道等地域。日常生活应避免任何水源靠近藏品。藏品置于任何位置前，先行检查是否有水。应结合相关实际，制定应对预案
防地震	若处于地震带，应配置防震保护设施
防盗	参照各种常规方式。私家藏书馆，应建立规范的库房管理制度。应结合实际，设定应对预案
防潮、防霉、防虫	湿度和湿度的测定，应配置相应的仪器
防鼠、防蟑螂	藏品应置于老鼠无法进入的空间，附近防止出现食物残渣。 不要使用蟑螂屋等气味诱杀的方法对付蟑螂，否则会把大量蟑螂吸引过来
防家庭宠物	尽量避免养猫、狗等家庭宠物。若无法避免，应采取强烈和有效的防护措施。有访客携带宠物时，应提前对外置的藏品进行妥善的转移保护
防强光	避免强光直射。避免强光扫描，可选用文献专用的扫描仪
防污损	远离墨汁、颜料等污染源。接触书籍时须确认双手洁净

续表

项目	详情
修复	修复是防止古籍进一步损坏的重要方式。关于清末民国的机制纸出版物，可以探讨更为灵活务实的保护方式
其他	个性化的防护措施，结合实际情况而定。已经有一些地方开始尝试、鼓励个人藏家把古籍文献寄存在条件更好的图书馆。各种有创造性的保护措施，正在逐步呈现

表内所列，属于理想状态，要全部实现并不容易。不只民间藏书面临这个问题，公立馆藏机构也可能因为经费等原因，而无法提供非常理想的藏书环境。

2012—2016年，国务院统一部署，开展了第一次全国可移动文物普查。国家文物部门公开披露，通过普查结果分析，国内文物资源保管条件亟须改善，专业人员匮乏。普查结果显示，大多数基层单位保管条件差，库房面积小，柜架陈旧，文物得不到妥善保管，少数单位没有文物库房，部分珍贵文物没有专柜、囊匣保管，常年裸露在外，受到粉尘、光线以及空气中有害气体的侵蚀。全国平均每名保管人员保管文物2290件，基层库房保管员兼职现象比较普遍，专业水平不高，亟需提高业务能力。文物保护修复设备不完备，修复技术人员缺乏，难以满足庞大文物资源总量的保护需求。

民国出版物的保护，以及各种启发

在第一篇中我们谈到了古籍的概念。多次参加收藏拍卖活动，我注意到民国的历史文献逐渐引起各方的重视，这里也说一下。

到本书写作时，国家图书馆披露，早在2011年，国家图书馆联合国内文献收藏单位，策划了“民国时期文献保护计划”项目，得到文化部、财政部支持。项目自2012年启动，文献普查、海外文献征集、整理出版等均取得了重要成果。2016 年 3 月，该项目被列入国家“十三五”规划纲要文化重大工程“中华典籍整理”专项。2016 年 6 月，“日本战犯审判文献征集、整理与数据库建设”等 5 个项目成功获得国家社科基金抗日战争研究专项工程项目立项。

文献普查取得阶段性成果。截至 2017 年年底，普查平台系统已汇聚国家图书馆、首都图书馆、南京图书馆、上海图书馆、重庆图书馆等 22 家文献收藏单位的书目数据 31 万余条、馆藏数据 60 余万条，其中 2 万余条包含目次与全文。2015 年 2 月，在普查成果基础上启动《民国时期图书总目》编纂工作，提供学界利用。

海外文献征集取得实质性进展。已征集到馆的日本战犯审判、日本战争罪行、中国抗日战争、民国时期外国对华调查史料等具有重要历史文献价值与现实意义的缩微胶卷 4492 卷、缩微平片 4420 片、数字影像 3.5 万拍、照片 1.6 万张等，填补了国内史料空白，形成了东京审判资源库等系列专题资源。

2013 年以来，国家图书馆连续五年在全国范围内开展民国时期文献整理出版项目申报立项工作，根据馆藏特色、资料类型、濒危状况、珍稀程度及社会需求等文献整理原则，有计划、有步骤、成规模陆续编纂出版，形成了民国文献整理出版六大系列：民国时期文献资料丛编，对日战犯审判文献资料丛刊，民国时期珍稀档案、日记、手札文献，抗日战争文献史料丛编，革命历史文献资料丛编以及目录、图录、索引系列。

在原生性保护方面，“民国时期文献库房建设规范”已制定并向业界发布，“民国时期文献酸化检测及国内外脱酸技术调研”“民国时期文献脱酸研究与脱酸设备研制”项目顺利结项，“民国时期文献脱酸研究与脱酸设备研制”二期项目稳步推进，上述工作为开展民国时期文献原生性保护奠定了科研基础。

以上是来自国家图书馆的信息。

从中，既可以看出国家图书馆等国内文献收藏单位对民国文献保护迫切性的重视，又可以管窥一些在全国范围内保护民国文献所面临的问题。

这项“保护计划”的成果中，文献普查和海外文献征集，还不是本篇谈论的“保护”的概念。虽然普查和征集也属于文献保护的基础工作，但现在民国文献面临的迫切问题是它们的纸质载体正在迅速酸化、脆化，有的甚至触手即碎，实际已经处于濒危和损毁状态。这个问题若不能有效解决，文献价值也就无从谈起了。

上述信息当中，有两项对于民国文献保护具有特别贴切的意义，可资启迪。一是脱酸技术，二是整理出版。

对于民间藏家来说，接触和普遍使用尚在探索阶段的脱酸技术，并不现实。在可预见的未来，这些比较专业的技术手段，更适合在有条件的公立馆藏机构中使用。随其技术水平的提高、使用方法的简化、资金成本的降低，将来在民间藏家中普及才有基础。

整理出版，才是快速见效的方法。

这不仅是民国文献的要事，也是全部古籍文献保护和传承的要事。其本质，是对现存文献信息的加大备份。

这种方式，也可以在民间藏家中普及。

无论是影印出版，还是重新录入文字出版，这件事民间藏家都可以付诸行动，有所成果。可以由个人做，还可以由各地的收藏协会组织来做；可以借助自有资金来做，还可以申请国家的文化基金来扶持，甚至可以邀请有文化公益意识的实业人士或企业进行赞助。

历代的书籍传承，无论是对雕版进行递修再刷，还是全部翻刻、影刻，雇用工人抄写，以及通过影印技术再行出版，所有这些方式，本质上，都是对存世量自然变少的文献“重新加大备份”。这也是历代藏书者的个人自觉和使命所在。

民国时期，也可以上溯到清晚期，是一个思想奔放、中西碰撞交融的特殊时期，此前的历史也许仅有春秋战国的思想成就可与之媲美。这个时期的文献价值之大，或许在后人看来，会超越整个封建社会的全部经史子集，也不为过。

通过各种方式进行“加大备份”，是传承民国文献的最快捷、最有效、最可行的渠道。

加大备份，除了整理出版之外，也包括以科技手段，把民国文献的相关信息，全面、细致、系统地予以复制保存。这样，就算实物有损，信息还可供他人、后人提取利用。

尤其，那些触手即碎的濒危文本，已经不具备能够整理出版的物质条件。尽快地实现它们的数字化存储、备份，就非常具有可操作性。复制、拍摄、拓印馆藏文物，不得对馆藏文物造成损害。

对文献实物的修复依然重要。

这其中，有一个技术问题，对修复工作者造成困扰。传统的古籍文献修复，历来强调“修旧如旧”“能不动手尽量不动”。即便是过于残破，必须溜书口、加衬或金镶玉的，也会使用颜色尽可能接近的纸。一部纸色深沉的古籍，用白得闪眼睛的衬纸做成金镶玉装，有很多藏家在心理上是抵触的。

2017 年 11 月新修订的《文物保护法》第四章《馆藏文物》第四十六条规定：修复馆藏文物，不得改变馆藏文物的原状。

但是，对于民国出版物，可以探讨更具可操作性的修复原则。机制纸的书，绝大部分都是单页双面印刷，做成筒子页的较少。用传统的修复方法，应对双面印刷的民国书难度较大。这些民国书，不仅纸张容易脆断，而且多为平装本，订书钉也是常见之物，对它们坚持“修旧如旧”“尽量少动手”，在现有技术条件下，这个工作可能是两难的。如果不区分民国出版物的特殊性，单纯强调修复之后的原汁原味，装帧方式也不许有任何改变，那即使勉强修复了，也只是把问题再度发生的时间，稍稍地向后拖延了一点而已。

在共性的原则和个性的问题之间，在传统习惯和实际效用之间，应该首先强调后者。尤其是，其他文物门类的价值可能首先体现于外观，故强调保持原状较有意义，而古籍文献的价值则首先体现于内容。

哪种修复和装帧方式对保护更有实际效果和长期效果，就应该鼓励和采用哪种。当然，可以考虑到方法的可逆性，以便今后发明了新的科学方法，可以对这些文献进行更好的保护。

在没有对《文物保护法》“第四十六条”的规定，专门作出法律解释的前提下，公立馆藏机构的工作人员尚不敢自作主张、在修复中改变文物类民国出版物的原状。

随着时间的推移，新中国成立早期的书籍也开始进入了老化时期，这也是需要提前引起重视的。新中国成立是一个政治事件，而文献载体的老化是个自然过程，不会因为跨越了 1949 年而戛然而止。不提前重视这个问题，民国出版物酸化濒危的现在，就是新中国成立后出版物不远的将来。

拍卖公司环节的保护

古籍文献的保护，应该是全链条的保护。

当它们在藏家手中，无论是公立馆藏机构，还是私人馆藏机构，以及个人收藏者，对通过各种渠道取得的藏品，都有一定的保护意识。但是，当它们离开了私人藏家的手，进入了拍卖交易环节，就出现了保护上的疏漏。

一旦委托人和拍卖公司签署委托协议，把藏品交给拍卖公司，委托人就失去了对它们保护的可能。而对拍卖公司来说，委托人的藏品只是暂时存在自己的库房，由自己代管。这时，买方还没有出现，也还不知道哪些拍品可以成交，哪些成交不了。

如果拍品成交，从委托人离手，到竞拍人付款提货，有很多工作程序要走。拍卖公司入库、撰写提要、拍照、文物部门审核、活动布展、预展翻阅、提货交接，以上这些环节中，它们都要被反复地打开、装好、移动。一场拍卖流程走下来，加上拍卖预展时反复翻阅，一套书会被触手十几遍甚至几十遍！

在藏家手里被视若珍宝的古籍文献，每经历一次上拍，所造成的损伤，仿佛短期内经历了几代藏家之手和沧桑变迁。

毫不夸张地说，就是经历了一次小小的浩劫。

不排除委托人有这种心理，认为只要委托价设置合理，成交之后，书就是别人的了，所以，在这方面对拍卖公司没有特别的要求。或者，圈子里持续做古籍拍卖同时合作愉快的公司，并不是很多，委托人也就不方便在拍品保护方面，提出特别的要求了。

如果出现不成交情况，委托人当然只能取回。一般来说，回来的时候，和送去的时候，书的模样一定是有改变的，这没有什么悬念。即使拍卖公司的库房管理人员格外留意，在搬运环节上，尤其是预展期间，也存在无法全面监督的现实情况。没有任何一家拍卖公司，会因为担心书籍受损而拒绝竞买人详细查阅的。想尽各种方法提高成交量和成交额，是拍卖公司的生命线。

对于委托人来说，也不是完全无所作为，至少有两点主动权：

一是，珍贵藏品，尽量减少上拍的次数。

二是，无论自行收藏，还是外出送拍，都要进行基本的保护，包括书函的配置，损坏较严重书籍的修复，等等。还是有一些基础的防护工作可以做的。有所防护的书，在上拍过程中，受到的损害会明显少一些。

对于拍卖公司来说，至少可以做到，把委托人的拍品，当作自己的东西一样看待。这不是一个特别高的要求。

如果有这样一种基本的意识，至少不应该出现这样的疏漏，比如，把库房管理的标签直接粘在书上，用很细的如刀锋般的绳子捆书，把线装书和易折易断的精装书混同管理，忽略对预展管理人员进行基础的护书培训，诸如此类。

如果在拍卖图录上把每一种拍品都称赞得近乎完美，具体工作中却透露出对它们的轻视，这种反差实不应该。拍卖公司不仅要提供查阅拍品的便利，也要在细节上表现出对拍品的尊重，这会增强竞拍人对拍品的重视，对促进成交也是有好处的。

对于监管者来说，可以考虑为拍卖公司的库房管理和预展管理建立相应的工作规范。并且，探索出适当的措施，比如建立熟悉古籍的监督员队伍，对拍卖公司的库房工作，以及预展中明显的粗暴查阅行为，给予及时的监督提醒。

这些古籍文献，无论藏于何人之手，在流通中经历哪些环节，它们一直都是文献资料体系不可分割的一部分。

在当今看来司空见惯但却对古籍文献有实际损害的行为，无论对拍卖公司还是拍卖预展的来访者来说，都应该给予系统的规范和管理。

这是目前被全行业忽视较多也是对古籍文献的人为损害较严重的一个环节。

应该引起关注。

第七篇
藏研定位：个性化的自我发现过程

在本书前六篇当中，我们依次探讨了古籍的定级标准、评估方法、价格与价值的映射关系、影响价格的因素、真伪的辨识、保护与传承的方法。所有这些探讨，对民间收藏者来说，落脚点在于，如何对自己的收藏和研究主题进行定位。

这也是许多收藏者和研究者经常思考的问题。

历史上的传统藏书家

回答定位的问题，需要一定数量的历史数据样本，作为古今对比的评价基础。如下表所示。

历代藏书家举例表

藏书家	年代	收藏特色	相关因素
范钦	明中后期	天一阁。现存最古老的藏书楼之一。原有藏书七万卷。范钦为明代著名藏书家。 非常有眼力的是，他重视当代人的著作，故其藏书竟以明刻本为主，尤其是明代地方志、明代政书、明代实录、明代诗文集等。 清乾隆修四库，范氏天一阁进呈家藏696种，为私家进献之冠。至新中国成立前尚有一万三千卷，含明代地方志和登科录	嘉靖进士，官至兵部右侍郎。为官多年，每至一地，喜搜访当地文献

续表

藏书家	年代	收藏特色	相关因素
毛晋	明后期	绿君亭，汲古阁，目耕楼。明代著名藏书家、刻书家、抄书家。所藏累至八万四千多册，且多见宋元刻本。其幼子毛扆辑《汲古阁珍藏秘本书目》以记之，录四百余种。其藏书后多为季振宜等家购藏，后又归于徐乾学传是楼	其父，孝悌立田，精于农事，家资颇丰。 毛晋早年师从钱谦益，后屡试不第，又擅长经营，遂专事书业，为历来私家刻书之最丰者
钱谦益	明末清初	拂水山房，绛云楼。早年得官，诗文名扬海内，与名家交游颇广。因广事搜罗，古籍所藏，几可与内府媲美。顺治七年绛云楼大火，焚余书籍，归于族人钱曾	明万历进士，后官至南明礼部尚书。降清后任礼部右侍郎。曾得刘凤、杨仪、钱允治、赵琦美四家藏书
钱曾	清前期	述古堂。清代藏书家。所藏书聚至4100余种，十万多卷，多有宋元刻本和精抄本，是钱谦益绛云楼和毛晋汲古阁之后的江南藏书名家。其所藏书，后多被季振宜购得	父亲钱裔肃和族曾祖钱谦益均为藏书家，受其影响，钱曾较早即有志于此。乃父藏书和钱谦益的绛云楼焚余之书，均归其有
宋宾王	清前期	藏书极富。黄丕烈甚推崇之。藏书家金檀的文瑞楼晚年所散之书，多被宋宾王购得	冶银为业，颇多资财
季振宜	清前期	静思堂。清代著名藏书家，江南故家藏书多归之。曾直接购得了毛晋藏书，间接得到了钱谦益焚余藏书。其所藏书，身后归于徐乾学传是楼和清内府	家为当地望族，不仅累世为官，且经营盐业。季振宜曾巡视河东盐政
徐乾学	清前期	传是楼。《传是楼宋元本书目》著录442部。身后藏书交付子女	顾炎武之外甥。年轻时缺乏资金，以抄书为藏书路径。康熙九年进士，授编修，官至刑部尚书，为收书打开便利之门

续表

藏书家	年代	收藏特色	相关因素
卢文弨	清中前期	抱经堂。富藏书，储者书数万卷。晚年藏书流散后，多归于刘承干嘉业堂	乾隆进士，授翰林院编修、上书房行走，历官提督湖南学政等
席世臣	清中期	扫叶山房。清代著名藏书家，以史部为重。所得善本，多为梓行，手自校雠，藏书家每称善之。 席氏设书铺，以扫叶山房名之，历代传承，近三百年，1955年停业。关于扫叶山房的创办时间，学界有所争议	藏书、刻书世家
马国翰	清中期	玉函山房。早年教书，道光时中进士，富藏书。教书时每见异书，即予抄录。兼之所购，累藏古籍五万七千卷	入官场后，薪俸多用于购书
鲍廷博	清中期	知不足斋。不惜巨金求购宋元书籍。 与江浙藏书家互访、互相借抄，广录手稿，八十余岁仍抄写不辍，所抄书籍蔚为大观	家世经商，殷富好文
汪启淑	清中期	飞鸿堂。汪启淑自称"印癖先生"。清代著名藏书家。亦嗜古代印章，曾搜罗周代、秦代迄宋、元、明各朝印章数万钮	家以经商致富，遂捐官为工部都水司郎中，迁至兵部郎中
黄丕烈	清中期	士礼居，百宋一廛，陶陶室。所藏古今善本、秘本、珍本极丰，独嗜宋本。曾购得宋刻百余种，多有抄书。 好收残本、重本、未见本，以为校雠或配齐之用。专设"读未见书斋"。 嗜好题跋，世称黄跋。 其身后，善本秘册多归汪士钟艺芸书舍。继而又先后归杨氏海源阁、瞿氏铁琴铜剑楼、陆氏皕宋楼。系清代藏书史上承前启后的重要一环	黄丕烈虽然科场未有大作为，但从其父手中继承了雄厚的家产，包括田产和房产，是苏州富户之一。这是黄氏得以广收宋版等珍本的基础。 晚年黄丕烈生活窘迫，他在玄妙观旁开滂喜园书籍铺，以书养书，颐养天年

续表

藏书家	年代	收藏特色	相关因素
汪士钟	清中后期	艺芸书舍。黄丕烈士礼居藏书多归之	官至观察使、户部侍郎等职。其父汪文琛，经商布匹致富，原以藏书知名
蒋光煦	清中后期	别下斋等多处藏书楼，思不群斋则专藏明刊本、抄本等。清代著名藏书家。累藏十万卷，佳刻善本居半。其藏书楼后被太平天国焚毁	其祖父蒋开基所建藏书楼“衍芬草堂”。蒋光煦十几岁开始藏书，得其从叔蒋楷大半旧藏。成为其藏书基础
张金吾	清中后期	爱日精庐。所藏连先世旧有，共得八万余卷。《爱日精庐藏书志》著录有宋元刊本、罕见传写本、名人校本 380 种、12000 卷	系藏书家张海鹏侄，由张海鹏抚养成人。 晚年，张金吾为买书负债累累，道光六年（1826 年）其侄子、债主张承涣豪夺其全部藏书。两年后穷困忧郁而逝
杨以增	清后期	海源阁。清后期四大藏书家之一。罗聚至数十万卷。多宋元明刊。太平天国战乱时期，购得黄丕烈大部藏书。又购得鲍廷博等多位著名藏书家藏书。后多散失于战乱。后少量辗转归于北京图书馆、山东图书馆	道光进士，官贵州府知府、河南河道总督、两淮盐运使、甘肃按察使、陕西布政使、江南河道总督兼漕运总督等。承其父遗书，发扬光大

续表

藏书家	年代	收藏特色	相关因素
瞿镛	清后期	铁琴铜剑楼。清后期四大藏书家之一。继承先人遗志，不断扩充藏书，购得黄丕烈士礼居、汪士钟艺芸书舍散出之善本,积十余万卷。许人阅览，而不外借。虽光绪帝欲得其一秘珍本，赏三品官、赐帑币30万两，镛竟不奉诏。瞿氏藏书达百余年，新中国成立后，多归于北京图书馆	其父瞿绍基购书极富，收藏多宋元善本
陆心源	清后期	皕宋楼。清后期四大藏书家之一,有宋版书200部。所藏4146部43218册古籍，后被其子陆树藩卖给日本财阀的静嘉堂文库	三代藏书。 官至福建盐运史，是为继续藏书的资财基础
丁申 丁丙	清后期	嘉惠堂，八千卷楼，小八千卷楼。清后期四大藏书家之一。爱好收集地方文献	三代藏书。勤于抄书。 家世经营布业，富于资财。 文渊阁毁，丁氏兄弟收之。光绪间文渊阁重建，丙既还其书
顾沅	清后期	艺海楼。藏书、金石甲于三吴,以收藏宋版元刻而名，江南首屈一指的大收藏家	顾沅生于世代簪缨之家，但他生活简朴，钱财多用在购书、刻书，乃成大家
孔广陶	清后期	岳雪楼。清著名藏书家。孔子第七十代孙,以藏古籍、书画、古钱有名于时。书籍中以清殿版为富。后家资中落，藏书散出，多被康有为所购	曾任分部郎中、编修，以盐业起家，遂至巨富

续表

藏书家	年代	收藏特色	相关因素
缪荃孙	清末民初	艺风堂。其旧刻旧抄、四库未收之书、名家孤传之本，共十余万卷。 创办江南图书馆，列全国藏书之首。又尊清帝训，创办京师图书馆。一生收集、整理了大量的金石拓片、古籍善本、古玩字画一万二千多件(幅)，为后人研究清末民初书法艺术保存了大量的第一手资料	缪荃孙出身于官宦家庭。但生逢乱世，为藏书计，也曾节衣缩食
董康	清末民国	诵芬室。近代著名藏书家。家富藏书，多精本，以宋元及明嘉靖以来的古本为主，以民间戏曲小说为特色。避居日本时，迫于生计，将部分藏书售于大仓氏。归国后，经缪荃孙介绍，其精本归于刘承干嘉业堂	曾任清刑部主事、郎中。入民国后历任法律要职。因熟知日事，后入日伪、汪伪政权
徐乃昌	清末民国	积学斋。近代著名藏家，早年即矢志藏书，积五十年，所藏以古槧、清人文集尤为著名，不乏善本、孤本	伯父徐文达曾任两淮盐运使、福建按察使，堂兄徐乃光曾任驻美国纽约首席领事。 徐乃昌光绪时任淮安知府，宣统授江南盐法道兼金陵关监督，民国后寓居上海
陶湘	清末民国	涉园。近代著名藏书家。藏明版1000多部，其中闵氏套印本、汲古阁刻本多完整无缺，尤喜清殿版开化纸本	曾任浙江某知府。又供职京汉铁路、上海三新纱厂总办，民国后任职于实业及银行业

续表

藏书家	年代	收藏特色	相关因素
刘承干	清至新中国成立后	嘉业堂。近代著名藏书家。甬东卢氏抱经楼、独山莫氏影山草堂、仁和朱氏结一庐、丰顺丁氏持静斋、太仓缪氏东仓书库等十数家藏书尽为刘氏所有。嘉业藏书楼累至12450部，60余万卷，计宋本77种，元本78种，明本2000种，清本5000种，校抄本近2000种，方志1200多种。嘉业藏书楼是民国以来规模最大的私家藏书楼。民国中期，家道中落，开始散卖藏书。新中国成立后，所余归于复旦大学图书馆和浙江省图书馆	祖父刘镛，经营湖丝，敛财达银千万两。父刘锦藻，清进士，编有《续清文献通考》。伯父刘安澜无子，承干继为长房。刘镛去世后，他得以继承祖业，成为豪富。是为其藏书之资财基础

以上样本信息主要来自瞿冕良编著的《中国古籍版刻辞典》，并以业界共知的信息补充。该辞典1999年由齐鲁书社出版，编纂时主要参考引用书目文献即达300种左右，具有极强的严谨性和可信度，是关于汉文古籍史的权威工具书。本表选取了其中所载具有较高知名度和影响力的历代藏书家。

本书不是研究藏书家的专著，不必把历代的著名藏书家一一罗列在此，进行非常严格的数据统计和类型分析。在中国传统的朝代更替中，社会环境没有本质的改变，汉代奠定了儒家的权威地位，并赐予孔子嫡传后人以封号，从此传至民国，属于世界罕见，浓缩了中国传统社会秩序超级稳定的特点。虽历经元代、清代这样北方南下的统治者，尊孔集权的统治思想却一脉相承，历代藏书家的生存土壤大致如一。所以，上述表格虽属举例性质，仍可管窥其中规律之大概：

——历代藏书家，多出身于官宦之家，或有较为雄厚的资财基础。前者利于获得丰富的藏书之源，后者利于在购书竞争中以高价取胜。“非富即贵”是其典型特点。

——历代藏书家，都有强烈的功利目的。已有官位者，可借此炫耀才学，结交同僚。科场失意者，可曲折展示实力，进而著书立言。而无论哪种情形，藏书者心照不宣的是，一旦家境遇到波折，所藏之书，可用于兑现、渡劫。从上表可见，许多藏书家或其子嗣，就是这么做的。

——历代藏书家，多有世代藏书之传统。往往累数代之功，可成一藏书大家。藏书、读书、科举成功，进而更多藏书，这是一种既符合政治需求也利于家族发展的行为。

——历代藏书家，若遭遇藏书损毁，一大项是火患，一大项是兵灾，一大项是官方的禁毁。第一类如钱谦益的绛云楼火灾。第二类如蒋光煦的藏书楼遭遇太平军。第三类如修四库而灭忤逆之书。至于生意失利、散书兑现，那只是藏书从一家转到另一家，历代藏书都是这样流转传递的。这是转换而非损毁。

与上述历史比较，我们今天进行藏书，有了哪些重要的变化，又如何在新环境中确立自己的藏书定位？

变与不变

与历史相比，如今财力雄厚的人士，大部分都不收藏古籍。而收藏古籍的人士，大部分财力又不雄厚。

改革开放以来，无论是早期的创富者，还是近年的财富新星，主要不是因为具备了高学历或者功底深厚的传统知识，而是因为敏锐的商业嗅觉、高超的社会资源聚合能力、资金管理能力、在实践中迅速学习的能力，才获得了丰厚的财富积累。在他们的创富过程中，凭窗苦读的作用即便有，也不是决定性的。所以，中国的高净值阶层，总体上对传统知识、对藏书，没有什么特别的感觉。

他们中的一部分人，也可能偶然了解到古籍，有所购买。但这种购买有强烈的社交目的，主要不是为了做藏书家和研究者。

那些试图继承传统的藏书文脉的人士，往往在财富方面没有特别的理想，或是理想受阻的人。他们的财力并不雄厚。我们在前文讲到过，在古籍的拍卖场上，亿万富豪级别的人士及其代理人，是比较少见的。否则，古籍不会是现在这种慢吞吞、懒洋洋的行情。一场大拍成交几千万元，一场小拍成交常常在500万元以下，极端情况下，甚至在百万元上下徘徊。这里面有没有大资金，已经显而易见。

古籍市场所能承载的资金量比较小，俗称“盘子比较小”，大资金进来容易出去难，自然不愿意深度介入。比较而言，他们更愿意投资油画、中国字画、瓷器等大的古董门类，不仅仅在于那些门类便于展示，也在于它们价格高昂，大资金可以徜徉其中而游刃有余、波澜不惊。

这种环境，客观上反而为财力不雄厚的藏书者提供了良好的购书条件。

与历史相比，如今可供民间收藏的年份久远的珍本，已经大为减少。

仅说宋元珍本的藏书数量，现在确实不可再与历史大藏书家相比。一方面，许多宋元珍本已经进入公藏体系，不能再现于交易市场；另一方面，年份久远的珍本，随着历史的演进而数量减少，是一个自然和必然的过程。清前期的徐乾学传是楼，尚著录藏有400多部宋元本。清后期的陆心源皕宋楼，有200部宋版亦可夸口。一经清末民国的战乱，民国藏书家刘承干，搜求数位藏书大家的家底于一处，也才积累了几十部宋版、几十部元版。至于当今的藏书家，除非入手极早，或实力极其雄厚，否则，能有个位数的宋版残册在手，也可以视如珍宝、窃窃炫耀了。

与历史相比，改革开放以来的私家藏书，往往都是白手起家的第一代。

那些有先辈藏书基础的，倒不见得仍有藏书的兴趣。这种现象属于中性的，无可厚非。经由公开拍卖等市场渠道，让藏书者得书，让售书者得利，双方都省去了寻觅对方的周折，这是历史的进步，也是藏书新秀在购书渠道上对先辈的超越。

新兴一代的藏书家，未来是否一定由子女来传承藏书，这已经不是一个问题。只要书在，文献价值就在，历史信息就在。至于书在谁的手上，不是最重要的。最重要的是，它们要得到好的保护，要在保护中增加必要的备份，要让这些备份能够被阅览者所知，被研究者所用，发挥出应有的社会价值。

与历史相比，变中亦有不变。

古今的藏书家，都在承担一种文化上的使命，把古老的书籍接到手，有研究有发现有新的思考成果，进而传递下去。凡曾奉于架上、经手经眼者，都是这种传递链条上的一环。

在此过程中，古今藏书家都得到了内心的慰藉、精神的滋养和社会的认可。

在经济利益上，无论是研究之后立刻兑现，还是作为一笔长期持有、保值增值的资产，古籍始终承担着它的功用。这也是藏书者付出种种艰辛之后、理应得到的一种保障。

适应时代环境，履行个性化的藏书使命

有一种观点认为，民间珍善本的可供收藏量已经大为减少，私家藏书不可能再现历史上藏书大家们的辉煌。

但是，这并不意味着当代私人藏书家无所作为。只要用心经营，我们仍可能在很多方面追平或超越前人。

——若有可持续的雄厚财力支持，以及成熟的收藏思路，仍可能产生比肩历史的藏书大家。

今天的收书渠道相对丰富，已经有一些有实力、有思路的藏家，建立起颇具规模的古籍藏书。有些是比较低调，不事宣传，但是，近几年来的行情经过调整，古籍的价格显示出比较抗跌，部分品种不跌反涨，与这些只买不卖的私人藏家的底部接盘、择机抢购有很大的关系。

——藏书不是简单的购买和储备，还可以对这些书籍进行管理和利用。

这是可以超越前人的重要方面。史上的藏书家，在珍本数量和藏书总量上多有建树，并热衷撰写收藏书目。但是，如果这些书籍本身有所灭失或损毁，空留一些书目，即便其中录有序跋和辗转信息，其实际的价值也大打折扣了。实物书籍本身，是一切附加值的基础。

前人把书籍收藏之后，个人能进行校勘、研究的，只是其中一小部分。大部分只是暂存一下，盖个藏章，让后人知道他藏过而已。如果不幸在哪一个环节上损毁了，后人就再也无法得见其原貌。

古来有不可计数的古籍，如今仅仅停留在各家藏书目的记录中，空让人唏嘘。

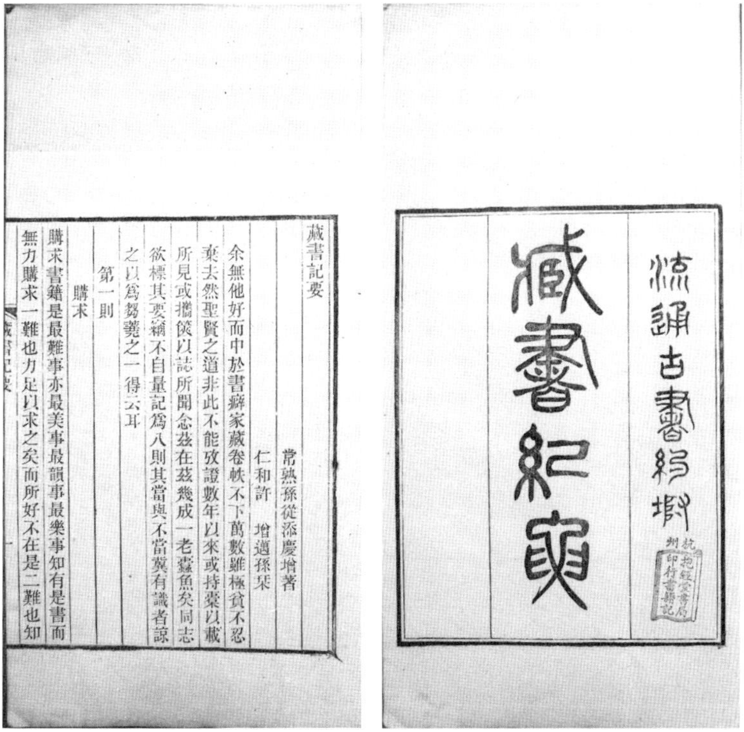
藏書紀要

流通古書約附

杭州抱經堂書局印行書籍記

藏書記要

常熟孫從添慶增著

仁和許 增邁孫栞

余無他好而中於書癖家藏卷帙不下萬數雖極貧不忍棄去然聖賢之道非此不能攷證數年以來或持槖以載所見或摛篋以誌所聞念茲在茲幾成一老蠹魚矣同志欲標其要竊不自量記爲八則其當與不當冀有識者諒之以爲芻蕘之一得云耳

第一則

購求

購求書籍是最難事亦最美事最韻事最樂事知有是書而無力購求一難也力足以求之矣而所好不在是二難也知

◎相关呈现

藏书纪要 流通古书约附

清刻本，一函一册，白纸，29 厘米 ×16.7 厘米。《藏书纪要》系常熟藏书家孙从添所著之藏书专论，偶有面市，但不算常见之本。全面论述了购求、鉴别、抄录、校雠、装订、编目、收藏、曝书等八则方法与心得。对今日民间藏书家仍有较多启发。

流通古書約　　曹溶 倦圃

自宋以來書目十有餘種燦然可觀按實求之其書十不存四五非盡久遠散佚也不善藏者護惜所有以獨得爲可矜以公諸世爲失策也故入常人手猶有傳觀之望一歸藏書家無不綈錦爲衣旃檀作室扃鑰以爲常有問焉則答無有舉世曾不得寓目雖使人致疑散佚不足怪矣近來雕板盛行煙煤塞眼挾貲入賈肆可立致數萬卷於中求未見籍如宋玉溪匡旦夕莫覩當念古人竭一生心力辛苦成書大不易事渺渺千百歲崎嶇兵攘劫奪之餘僅而獲免可稱至幸又幸而遇賞音者知蓄之珍之謂當繡梓通行否亦廣諸好事何計不出此使單行之本寄篋笥爲命稍不致慎形蹤永絕祇以空名挂目錄中自非與古人深仇重怨不應若爾然

流通古書約　一

其間有不當專罪吝惜者時賢解借書不解還書改一瓻爲一癡見之往記卽不乏忠信自秉然諾不欺之流書既出門舟車道路搖搖莫定或僮僕狼藉或水火告災時出意料之外不借未可盡非特我不借人人亦抉不借我封己守株縱累歲月無所增益收藏者何取焉余今酌一簡便法彼此藏書家各就觀目錄標出所缺者先經註次史逸次文集次雜說視所著門類同時代先後同卷帙多寡同約定有無相易則主人自命門下之役精工繕寫校對無誤一兩月間各齎所鈔互換此法有數善好書不出戶庭也有功於古人也已所藏日以富也楚南燕北皆可行也敬告同志鑒而聽許或曰此貧者事也有力者不然但節讌遊玩好諸費可以成就古人與之續命出未經刊布者壽之棗梨始小本訖鉅編漸

流通古書約

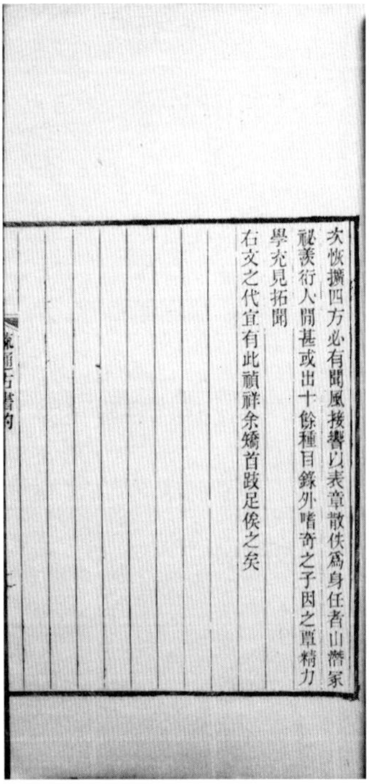

次恢擴四方必有聞風接響以表章散佚爲身任者山潛冢祕羨衍人間甚或出十餘種目錄外嗜奇之子因之覃精力學充見拓聞

右文之代宜有此禎祥余矯首跂足俟之矣

流通古書約

更有意义者，此《藏书纪要》附有《流通古书约》一则，明末清初官员曹溶（1613—1685年）所作，篇幅简洁扼要，主要论述历代藏书家一遇珍本就视如珍宝、秘不示人，万一遇到特殊情形，容易导致珍本失传。看似爱书，实则害书，愧对先人后学。因此建议，藏书家有了好书，或应传抄互换，或应刊行广布。这一思路具有永久性的务实意义，值得历代藏书者传承。因此，将《流通古书约》清刻本原书影共三面全部配图在此，供大家阅读借鉴。

在这方面，当代的藏书家，就大有可为了。

可以盘活古籍的信息资源，开发各种文化创意产品，使它们的艺术价值被更多受众感知。

可以把其中的珍贵古籍，联合出版机构，影印出版，或促成数字化储存，使之化身百千，得以流传后世。

可以发掘古籍的教育功能，与青少年成长需求相结合。

可以像公藏机构一样对社会开放，增加公众的了解，实现它们的公益价值。

可以建立外部研究人士的信用记录库，允许各界的研究者，有偿或无偿借阅这些文献，实现它们的学术价值。

……

包括但不限于这些思路和行为，都是历史上的藏书家不能做、做不了的事，现在，都可以做了。古籍文献是一座宝库，我们不但要把它们聚起来，更要让它们发挥更大更多的功用。

藏且用。

藏且尽其用。

——探讨一种有趣的低成本、长线收藏思路。

如果降低一下对书籍年份的要求，把时间较近的书籍也作为藏书目标，仍然可能获得很大的藏书成就。范氏天一阁在明代专事收藏当代的地方志，就是一种可资借鉴的思路。

收古代的书难，收当代的书容易得很。如果一个家族，每一代人都有此用心，积三代好书，子孙恪守不售。到第四代，祖辈买来的新书，已经成为古籍了。此时，第四代子孙每售出一种，须新收一种充实家族书库。如此延续，既可为未来的社会储备文献，也可为家族建立一种世代传承的盈利模式。

嫌三代太久，要求当世获利，以便持续？当然也是可以的。

如果眼力独特，买的书足够好，不必等到三代之后。现在，三十年前的好书，都有可以作为工具书上拍的了。今天买的书，如果三十年后可以善价出售，只要遵循“售一种，收一种”的节奏，每年就可以有固定的收益。这样计算起来，如果中青年时期开始实践，购书量达到一定规模，理论上可以成为一种老年时期的补充收益方式。

我的这个建议，听起来似是笑谈，若是有心人，可以实践之。

实践之前及过程中，可以做两个功课。

一是，深入研究一下古籍拍卖会上哪些品种可能长期受到交易各方的青睐，这是经过了历代收藏家实践、证明具有长久收藏潜力的品种。宜重点关注。

二是，特别关注对每一代人的青少年时期有过深刻和广泛影响的事物。也许它们现在是随处可见的，但是将来，等这一代人步入中年、老年，这些事物就会成为可凭借回忆的收藏品。再过更久时间，它们就会沉淀为珍贵的历史文物。红色收藏、连环画收藏、迪士尼主题收藏、变形金刚收藏、如今各种被批评为肤浅的偶像明星的相关收藏，已经、正在或终将逐次地成为主流收藏。

这中间，可以注意一些特别的历史时间节点。

——走个性化的收藏、研究之路，通过古籍来探索自我。

与当代的藏书人士沟通，可以发现，任何人最终确定自己的收藏定位，都是本人经历的自然结果，是收藏者对自身经历进行再度价值确认的过程，也是对自身价值深入发掘的过程。

前人给出的任何收藏定位，都可以勇敢地突破它。藏家经手之后，可以发现不同古籍的新价值。从中，科学家可以寻找太阳黑子活动、地理变迁的历史记录，医家可以发现有用的医案、处方实证，各种个性化专题的研究者都可以寻找有启发的蛛丝马迹。换一种个性化的思路看古籍，很可能有意想不到的发现。

感谢读者阅读本书，在此，我愿意分享这样一点体悟：

每个人来到这个世界，都有其独特的使命。生命的过程和意义，或许就在于探索出最适合自己的使命，并且履行它。

收藏和研究古籍文献的过程，正是收藏和研究者探索自己在这个世界上独特生命价值的过程。

通过一个载体，一种渠道，洞悉自我。

也许，这就是收藏家、研究者和投资者，在进行自身定位时的要义所在！